온작품읽기 연구회

마음속에 책 한 권

마음속에 책 한권

발 행 일 2020년 2월 26일
글 쓴 이 온작품읽기 연구회
(이선경, 고은별, 노지혜, 방보경, 이보미)

발 행 처 매일신문사
주 소 대구광역시 중구 서성로 20
전 화 053) 255-5001

값 15,000원
ISBN 978-89-94637-99-0

책을 펴내며

2019년은 책 속에 푹 빠져 보낸 한 해였습니다. 매달 같이 함께 모여서 수업에 대한 이야기, 책에 대한 이야기를 나누던 것을 독서인문교육교원 연구회라는 이름 아래 학교 종이 치면 모여서 밤이 늦도록 그림책에 대한 열띤 토론 및 어떻게 수업에 적용할까에 대한 고민으로 행복한 시간들이었습니다.

학교 현장에서 '학생들과의 관계에 도움이 될 수 있는 것이 없을까' 하고 고민하던 차에 누구나 좋아하고 부담이 없는 그림책을 이용하여 아이들의 마음 속에 깊은 울림을 던져주고 싶었습니다. 각자의 공부가 달라 하나씩 공부해야 해서 많이 힘들기도 하고 시행착오도 있었지만, 이렇게 지난 일 년간의 노력이 한 권의 책으로 나올 수 있어서 기쁩니다.

이 '마음속에 책 한 권' 은 그림책을 통해서 대구미래역량을 기를 수 있는 수업과 평가 가이드북입니다. 이 가이드북에는 대구미래역량인 창의융합적 사고, 자기관리, 공감 소통, 공동체의 4가지 역량을 기를 수 있는

초등학교 교실 속 실천사례 15편이 실려 있습니다. 하나의 수업과 평가 사례는 '책 이야기, 그림책 살펴보기, 수업으로 들어가기, 활동 소감, 이렇게 해 봤어요'로 구성되어 있습니다.

책의 흐름을 따라가며 '수업과 평가를 국가수준교육과정에 맞추어 이렇게도 할 수 있구나.' 하고 봐주시면 고맙겠습니다.

'마음속에 책 한 권'이 미래사회에 필요한 대구미래역량을 기를 수 있는 수업의 시작과 평가의 끝으로 이어지는 온작품읽기 책의 시작점이 되길 바랍니다.

지난 1년간 수고한 우리 연구회 회원들 모두의 노력에 박수를 보냅니다.

고맙습니다.

2020년 2월

이선경 대구매곡초등학교 교사
고은별 대구안일초등학교 교사
노지혜 대구대진초등학교 교사
방보경 대구서재초등학교 교사
이보미 대구화남초등학교 교사

CONTENTS

Chapter 3. 공감 소통 역량 103

Chapter 4. 공동체 역량 149

Chapter 0.

온품

(온작품읽기 연구회)

1 '온품' 의 목적

온품은 다양한 그림책을 탐독하고 비평하는 활동을 통해 그림책의 교육적 효과를 알아보고 이를 교육과정에 접목시킴으로써 교과서를 재구성하여 학생들의 흥미와 관심을 가질 수 있는 수업과 평가를 연구하고 있다.

학생들의 교과 수업 상황 속에서 학생들에게 각자 개개인의 상황에 맞춘 적절한 독서 교육 지도 능력 및 독서를 통한 학생들의 마음을 읽어주는 교사가 되기 위해 노력하고 있다.

이를 바탕으로 바람직한 온작품읽기를 연구하여 대구미래역량을 기르는데 도움을 줄 수 있는 '대구미래역량기반 그림책으로 하는 수업과 평가 가이드북 개발'을 그 목적으로 한다.

2 대구미래역량교육이란?

대구미래역량교육은 국가 수준의 교육과정이 추구하는 인간상을 구현하기 위해 교과 교육을 포함한 학교 교육 전 과정을 통해 중점적으로 기르고자 하는 6개의 핵심역량을 4개로 재구성하여 미래의 행복한 삶을 주체적으로 살아가는데 필요한 미래역량으로 설정하였다.

창의융합적 사고 역량은 다양한 분야의 지식, 정보, 기술, 경험을 융합적으로 활용하여 새로운 것을 창출하고 통합적으로 문제를 해결할 수 있는 역량을 말한다.

공감 소통 역량은 인간에 대한 공감적 이해를 바탕으로 삶의 의미를 발견하고 초연결 미래 사회에서 자신의 생각과 감정을 효과적으로 표현하고 다른 사람의 의견을 경청하고 존중할 수 있는 역량이다.

자기 관리 역량은 자아정체성과 자신감을 가지고 새로운 환경에 적극적으로 도전하며, 삶과 진로에 필요한 신체적·정신적 강인함과 회복탄력성을 갖추어 자기주도적으로 살아갈 수 있는 역량을 말한다.

공동체 역량은 지역, 국가, 세계 공동체 구성원에게 요구되는 가치와 태도를 가지고 남을 배려하고 함께 행복한 삶을 실천적으로 행동할 수 있는 역량을 말한다.

3

대구미래역량 기반 '그림책으로 하는 수업과 평가 가이드북' 개발

■ 그림책을 통한 수업 평가 사례

본 가이드북에는 대구미래역량을 기반으로 그림책을 활용한 온작품읽기 수업 및 평가 사례 15편을 실었다.

■ 그림책, 온작품읽기 관련 연수

온작품읽기와 그림책 수업 관련 연수를 실시하였다.

■ 책을 찾아 떠나는 여행

학교 도서관, 시립 도서관, 서점, 금산 지구별 그림책 마을 견학 등을 통해 다양한 그림책을 마음껏 보고 나누었다.

■ 그림책 1권 읽어주기

- 매일 그림책을 한 권씩 읽어주었다. 그 중에서 미래역량을 기를 수 있는 책을 선정하였다.
- 수업 그림책 선정 목록
  1학년 - 빨간 풍선, 알사탕, 까만 크레파스, 난 토마토 절대 안 먹어,
  엄마 아빠를 바꿔주는 가게, 모두 너처럼 말하면 어떻게 되겠니?
  2학년 - 낱말 공장 나라, 파란 도시, 줄무늬가 생겼어요
  4학년 - 슈퍼 거북, 가시소년, 무슨 생각하니
  5학년 - 거짓말 같은 이야기, ONE, 사자가 작아졌어

■ 수업 평가 가이드 북 구성

각 수업 주제별로 대구미래역량 소개 - 책 이야기 - 그림책 살펴보기 - 수업으로 들어가기 - 이렇게 해 봤어요 - 활동 소감으로 구성되어 있다.

대구미래역량교육
▶ 공감 소통

8. 친구를 사귀려면?

1학년 수업

미래교육역량 이야기

미래교육역량 중 공감 소통 역량은 인간에 대한 공감적 이해를 바탕으로 삶의 의미를 발견하고 초연결 미래사회에서 자신의 생각과 감정을 효과적으로 표현하고 다른 사람의 의견을 경청하고 존중할 수 있는 역량을 말합니다.

대구미래역량교육 소개

친구를 사귀려면?

1 책 이야기

도서명
알사탕

도서정보
- 글, 그림: 백희나
- 책 읽는 곰
- 2018

관련 역량

창의융합적 사고	자기관리	공감 소통	공동체
		☺	

내 용

동동이는 친구 없이 혼자서 구슬치기를 합니다. 구슬이 필요해서 문구점에 갔는데 구슬은 안 사고 알사탕을 삽니다. [illegible] 소리가 들리고…… 사탕을 먹을 때마다 소파, 강아지 구슬이, 아빠, 할머니의 목소리, 낙엽의 소리를 듣게 됩니다.
마음의 소리를 듣게 되는 동동이는 소리를 따라 밖으로 나갑니다. 그리고 거기서 친구를 만나 "나랑 같이 놀래?" 하면서 마음의 문을 열고 친구랑 놀게 됩니다.

핵심 질문

✔제목이 왜 알사탕일까?
✔동동이는 왜 혼자 놀았을까?
✔알사탕을 먹으면 어떤 소리가 들리나요?
✔친구를 사귀려면 어떻게 해야 할까?

1. 책이야기
관련 역량 표시, 핵심 질문

2 그림책 살펴보기

이 책에서 낱말공장 나라에 사는 가난한 필레아스는 말을 할 수가 없다. 필요한 낱말도 살 수가 없어서 쓰레기통을 뒤지거나 떠다니는 낱말을 잠자리채로 잡아서 모은다. 사랑하는 시벨의 생일에 사랑을 전하고 싶었지만 사랑한다는 낱말이 없어 잠자리채로 모아온 낱말을 선물한다. "체리" "먼지" "의자" 그나마도 가족들에게 하지 않고 아껴두었던 낱말이다.
시벨은 멋진 말로 자신에게 청혼한 오스카보다 "체리" "먼지" "의자"라고 말해 준 필레아스에게 미소를 지어 보인다. 낱말이 없기는 시벨도 마찬가지다. 시벨은 필레아스의 볼에 입맞춤을 하고 필레아스는 소중하게 간직해오던 말을 하기 위해 입을 연다. "한 번 더"
《낱말공장나라》에서 시벨은 필레아스의 진심을 알아준다. [illegible] 그렇다면 무엇이 우리의 진정한 마음을 전달해 줄 수 있을 것인가? 우리 교실 속에서 서로의 마음을 전하기 위한 많은 시도가 있지만 오해도 많이 생긴다. 마음은 보이지 않아서 잘 전달해야 한다는 믿음 아래 [illegible] 대화법을 연습한다. 과연 진심을 전하는 방법은 어떤 것일까? 아이들이 새로운 나라에 대한 상상을 해보고 그에 이어 어떤 말을 할 것인지에 대한 고민해보고 진심으로 소통하는 것에 대해 생각해보게 해주고 싶다.

2. 그림책 살펴보기
그림책 선정 이유

3 수업으로 들어가기

1학년 수업 이야기

[illegible]

3. 수업으로 들어가기
온작품읽기 지도안

[illegible]

3. 수업으로 들어가기
관련 교육 과정 / 평가 / 학습지

4 이렇게 해 봤어요

[illegible]

4. 이렇게 해 봤어요
수업 과정 중 학생들 반응

[illegible]

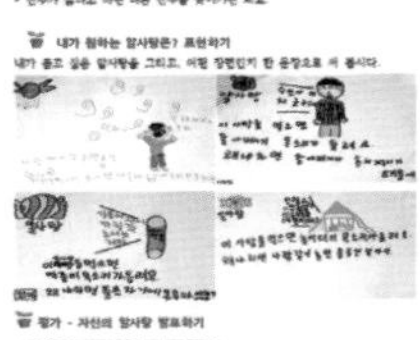

4. 이렇게 해 봤어요
평가 모습

5 활동 소감

아이들 생각

[illegible]

5. 활동 소감
아이들 생각, 선생님 생각

Chapter 1.

창의융합적 사고 역량

대구미래역량교육

창의융합적 사고, 공감 소통

2학년 수업

어떤 말이 필요할까?

대구미래역량교육 이야기

창의융합적 사고 역량은 다양한 분야의 지식, 정보, 기술, 경험을 융합적으로 활용하여 새로운 것을 창출하고 통합적으로 문제를 해결할 수 있는 역량을 말합니다.

공감 소통 역량은 인간에 대한 공감적 이해를 바탕으로 삶의 의미를 발견하고 초연결 미래 사회에서 자신의 생각과 감정을 효과적으로 표현하고 다른 사람의 의견을 경청하고 존중할 수 있는 역량입니다.

1 책 이야기

도서명 낱말 공장 나라

도서정보
- 저자 : 아네스 드 레스트라드
- 역자 : 신윤경
- 세용출판 2009

관련 역량

창의융합적 사고	자기 관리	공감 소통	공동체
○		○	

내 용

『낱말 공장 나라』는 '말'에 대한 풍부한 상상력이 가득 묻어나는 그림책입니다.

낱말 공장 나라가 있었습니다. 그곳에 사는 사람들은 함부로 말을 하지 않았지요. 말을 하려면 돈을 주고 낱말을 사서 삼켜야 했거든요. 그래서 자신이 하고 싶은 말을 하기 위해서는 돈이 필요했어요. 부유한 사람들은 마음대로 낱말을 살 수 있었어요. 하지만 가난한 사람들은 쓰레기통을 뒤졌어요. 오늘 가난한 '필레아스'는 곤충망으로 낱말 세 개를 잡았어요. 내일은 '시벨'의 생일이에요. 그래서 시벨에게 오늘 곤충망으로 잡은 낱말 세 개를 선물할 거예요. 그런데 필레아스가 시벨을 찾아갔을 때에는 부유한 '오스카'가 와 있었습니다.

핵심 질문

☞ 오스카의 말을 들은 시벨은 어떤 기분이었을까?
☞ 낱말을 사서 말해야 한다면 어떤 일이 벌어질까?
☞ 나는 어떤 말이 꼭 필요할까?
☞ 진심을 전하는 방법은 무엇일까?

2 그림책 살펴보기

이 책에서 낱말 공장 나라에 사는 가난한 필레아스는 말을 할 수가 없다. 필요한 낱말도 살 수가 없어서 쓰레기통을 뒤지거나 떠다니는 낱말을 뜰채로 잡아서 모은다. 사랑하는 시벨의 생일에 사랑을 전하고 싶었지만 사랑한다는 낱말이 없어 뜰채로 모아둔 낱말을 선물한다. "체리" "먼지" "의자" 그나마도 가족들에게 하지 않고 아껴두었던 낱말이다.

시벨은 멋진 말로 자신에게 청혼한 오스카보다 "체리" "먼지" "의자"라고 말해준 필레아스에게 미소를 지어보인다. 낱말이 없기는 시벨도 마찬가지다. 시벨은 필레아스의 볼에 입맞춤을 하고 필레아스는 소중하게 간직해오던 말을 하기 위해 입을 연다. "한 번 더"

『낱말 공장 나라』에서 시벨은 필레아스의 진심을 받아준다. 오스카가 돈이 많고 필레아스가 낱말을 아껴오다가 말을 해서만은 아닐 것이다. 그렇다면 무엇이 우리의 진정한 마음을 전달해 줄 수 있을 것인가? 우리 교실 속에서 서로의 마음을 전하기 위한 많은 시도가 있지만 오해도 많이 생긴다. 마음은 보이지 않아서 잘 전달해야 한다는 믿음 아래 끊임없이 대화법을 연습한다. 과연 진심을 전하는 방법은 어떤 것일까? 아이들이 새로운 나라에 대한 상상을 해보고 그에 이어 어떤 말을 할 것인지에 대한 고민해 보고 진심으로 소통하는 것에 대해 생각해 보게 해주고 싶다.

3 수업으로 들어가기

2학년 수업 이야기

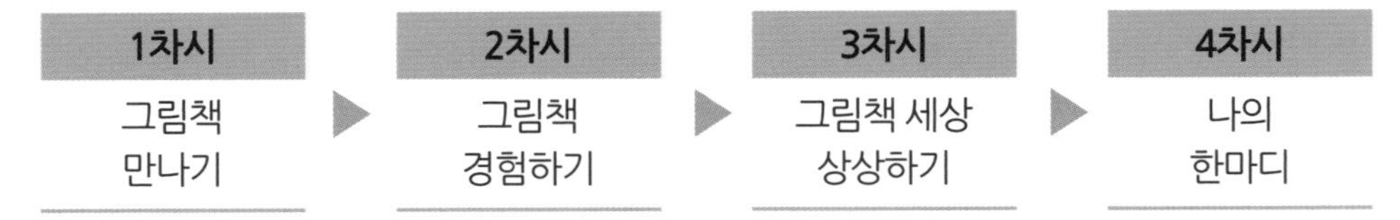

수업흐름

<table>
<tr><th>차 시</th><th>수 업 내 용</th></tr>
<tr><td>1차시
(그림책과 만나기)</td><td>◎ 그림책 읽고 주제 살펴보기
▶ 책 표지 보고 이야기 나누기
- 책 제목을 보니 어떤 나라에 대한 이야기 인 것 같나요?
- 아이는 왜 곤충망을 들고 있을까요?
- 책 표지를 보고 느껴지는 오감은 무엇인가요?
▶ 내용을 예측하여 생각 그물로 정리하기
- 책의 제목, 표지 등을 통하여 내용을 예측하여 생각 그물로 정리해 봅시다.
(친구들의 생각 그물과 비교해보고 같은 점과 다른 점 찾아보기)
▶ 그림책 읽어주기
▶ 질문 주고받으며 이야기의 내용 파악하기
(퀴즈퀴즈트레이드 놀이 적용하기)
▶ 이야기의 주제 생각하기
- 이야기를 읽고 이야기의 주제에 대해 생각해 봅시다.
- 이야기의 주제에 대해 친구들과 이야기해 봅시다.</td></tr>
<tr><td>2차시
(그림책 경험하기)</td><td>◎ 그림책 경험하기
▶ 핫시팅(Hot seating)으로 인물의 마음 알아보기
핫시팅(Hot seating)
- 핫시팅은 뜨거운 의자라고도 불립니다. 이야기 속 또는 역사 속 인물의 역할을 한 아이가 맡아 의자에 앉습니다. 나머지 아이들은 그 아이에게 질문을 하거나 인터뷰를 합니다. 이야기를 읽고 인물의 생각이나 인물이 한 행동에 대한 의도, 목적, 이유 등을 파악할 때 활용할 수 있습니다.
▶ 인상 깊은 장면 표현하기_타블로(Tableau)
타블로(Tableau) - 정지동락, 스탈이미지, 조각상 만들기
- 타블로는 개인 또는 모둠에게 어떤 주제를 제시하고, 그 주제에 맞게 하나 또는 두세 개의 정지 장면을 신체로 표현한 것입니다. 정지한 상태에서 한명이 ‘터치’했을 때 자신이 처한 상황에 맞는 대사를 할 수 있습니다.
▶ 이야기 속 등장인물(필레아스, 시벨)에게 질문할 내용 적어보기</td></tr>
</table>

차 시	수 업 내 용
3차시 (그림책 세상 상상하기)	◎ 창의융합적 역량 그림책 세상 상상하기 활동하기 ▶ 낱말 공장 나라 놀이하기 - 낱말을 구입한 뒤 아침 시간(엄마, 나), 수업 시간(선생님, 학생), 쉬는 시간(친구들), 집에서(아빠, 나) 역할극을 해 봅시다. - 남은 돈으로 찌꺼기 낱말을 구입한 뒤 생일, 아플 때, 워터파크에 놀러가서, 명절 역할극을 해 봅시다. - 낱말을 사서 살아보니 어떤 낱말이 가장 필요했나요? - 그렇게 생각한 이유는 무엇인가요? - 구입한 낱말을 사용하지 않은 이유는 무엇인가요? ▶ 그림책 세상에 살아본 소감 말하기 - 놀이를 하면서 경험한 것을 바탕으로 낱말 공장 나라와 우리가 사는 곳의 같은 점과 다른 점을 떠올려 봅시다. - 친구들의 생각과 내 생각을 비교해 봅시다.
4차시 (마음을 전해요)	◎ 공감 소통 역량 나의 한마디 활동하기 - 아껴두었던 한 마디로 마음을 전한 필레아스처럼 나는 어떤 상황에 어떤 말을 전하고 싶은지 표현해 봅시다. - 마음을 전하는 방법은 무엇인지 생각을 나눠 봅시다.

관련 교육과정

공감 소통 역량	☞ 국어 2-2-가. 4 인물의 마음을 짐작해요 읽기[2국02-04] 글을 읽고 인물의 처지와 마음을 짐작한다. 쓰기[2국03-02] 자신의 생각을 문장으로 표현한다.
창의융합적 사고 역량	☞ 국어 2-2-가. 11 실감나게 표현해요 문학[2국05-05] 시나 노래, 이야기에 흥미를 가진다. 읽기[2국02-05] 읽기에 흥미를 가지고 즐겨 읽는 태도를 지닌다.

평가는 이렇게

<table>
<tr><th>교육 과정 성취 기준</th><th>평가 내용</th><th colspan="2">평가 기준</th><th>평가 방법</th></tr>
<tr><td rowspan="3">읽기[2국02-04]
글을 읽고 인물의 처지와 마음을 짐작한다.
쓰기[2국03-02]
자신의 생각을 문장으로 표현한다.
문학[2국05-05]
시나 노래, 이야기에 흥미를 가진다.
읽기[2국02-05]
읽기에 흥미를 가지고 즐겨 읽는 태도를 지닌다.</td><td rowspan="3">낱말 공장 나라 인물의 마음을 짐작하고 마음을 전하는 소중한 한마디를 표현할 수 있는가?</td><td>상</td><td>낱말 공장 나라 인물의 마음을 다양한 방법으로 짐작하고 마음을 전하는 소중한 한마디에 대해 자세히 표현한다.</td><td rowspan="3">서술
구술</td></tr>
<tr><td>중</td><td>낱말 공장 나라 인물의 마음을 짐작하고 마음을 전하는 소중한 한마디에 대해 표현한다.</td></tr>
<tr><td>하</td><td>낱말 공장 나라 인물의 마음을 짐작하는데 도움이 필요하며, 마음을 전하는 소중한 한마디에 대해 표현하는데 다소 어려움이 있다.</td></tr>
</table>

낱말 공장 나라 - 공감 소통 역량	학년 반
그림책과 만나기	이름 :

■ 책의 제목, 표지 등을 통하여 내용을 예측하여 생각 그물로 정리해 봅시다.

■ 이야기 주제에 대해 친구들과 이야기해 봅시다.

– 내가 생각하는 주제

– 친구가 생각하는 주제

친구 이름	친구가 생각한 주제

낱말 공장 나라 - 공감 소통 역량	학년 반
그림책 경험하기	이름 :

– 친구들과 함께 표현하고 싶은 인상 깊은 장면을 생각해 봅시다.

■ <핫시팅>을 해 봅시다.

– 이야기 속 등장인물에게 질문할 내용을 적어봅시다.

질문	답
①	
②	
③	
④	

낱말 공장 나라 - 창의융합적 사고 역량	학년　　반
그림책 세상 상상하기	이름 :

★ 이야기 속에 들어가서 살아봅시다. ★

1. 공장에서 낱말을 산 뒤 아침 시간(엄마, 나), 수업 시간(선생님, 학생), 쉬는 시간(친구들), 집에서(아빠, 나) 역할극을 해 봅시다.
2. 남은 돈으로 찌꺼기 낱말을 구입한 뒤 생일, 아플 때, 워터파크에 놀러가서, 명절 역할극을 해 봅시다.

살아본 뒤 어땠는지 간단하게 적어보고 친구들과 이야기해 봅시다.

◈ 첫 번째 낱말을 사용한 뒤 어땠나요?

◈ 찌꺼기 낱말을 사용한 뒤 어땠나요?

◈ 사용하지 않은 낱말이 있다면 그 이유는 무엇인가요?

◈ 우리가 사는 세상이 낱말 공장 나라와 다른 점을 써 봅시다.

◈ 우리가 사는 세상이 낱말 공장 나라와 같은 점을 써 봅시다.

낱말 공장 나라 - 공감 소통 역량	학년 반
마음을 전하는 한마디 생각해보기	이름 :

◆ 나는 언제 마음을 전하고 싶은지 생각해 봅시다.

1	
2	
3	
4	
5	

◆ 나는 어떻게 마음을 전하고 싶은지 생각해 봅시다.

1	
2	
3	
4	
5	

◆ 내가 아껴두었다 쓰고 싶은 한마디

4 이렇게 해 봤어요

그림책과 만나기

(내용 예측하기)

- 책의 제목과 표지를 통해서 내용을 예측해 볼까요?
  - 낱말 공장 나라라는 제목에서 글자가 많이 있는 나라일 것 같아요.
  - 아이가 착하게 생겼는데 조금 슬퍼 보여요.
  - 곤충망으로 날아다니는 글자를 잡으러 다닐 것 같아요.
  - 그림자가 너무 커서 무서워 보여요.

(그림책 읽어보기)

- 어떤 내용일지 우리 함께 읽어볼까요?

(질문 주고받으며 내용 파악하기)

- 책 내용과 관련한 질문을 만들어 친구와 주고받아 봅시다.

(주제 찾기)

- 이 글의 주제는 무엇일 거 같은지 친구들과 이야기를 나눠 봅시다.
  - 말할 수 있다는 것을 감사히 여기고 말을 소중하게 생각하자. (태경)
  - 말을 많이 하는 것 보다 진심으로 말하는 것이 중요하다. (소윤)
  - 말을 하지 않아도 진심을 전달할 수 있다. (원희)
  - 어떤 말을 하느냐보다 어떻게 말하는지가 중요하다. (정원)

그림책 경험하기

(인상 깊은 장면 정지 동작으로 표현하기)

- 모둠 친구들과 인상 깊은 장면을 정지 동작으로 표현하고 발표해 봅시다.
  - 곤충망으로 날아다니는 낱말을 잡는 장면입니다.
  - 오스카가 시벨에게 고백하는 장면입니다.
  - 시벨이 필레아스에게 입맞춤으로 마음을 표현하는 장면입니다.

(인물의 마음 알아보기)

- 이야기 속 주인공 필레아스, 시벨의 마음을 물어보는 질문을 주고받아 봅시다.
  - (시벨) 오스카가 고백했을 때 어떤 기분이 들었나요?
    : 고백은 참 고마운데 전혀 나를 좋아하는 것 같지 않아서 낱말이 아까웠어요.
  - (필레아스) 체리, 먼지, 의자는 무슨 뜻이었나요?
    : 시벨이 체리색 옷을 입어서 먼지까지도 예쁘다는 뜻이었어요.
  - (시벨) 필레아스가 고백했을 때 어떤 기분이 들었나요?
    : 늘 나를 보고 웃어주는 필레아스가 좋아요.
  - 필레아스가 너무 정성들여 말해줘서 마음이 느껴졌어요.
  - 나도 뭐라도 말하고 싶었는데 못해서 미안했어요.
  - 필레아스가 한 번 더라고 비싼 낱말을 말해서 너무 놀랐어요.
  - (시벨) 어떤 낱말을 사서 필레아스에게 말해주고 싶나요?
    : 좋아 / 사랑해 / 고마워 / 두 번 더

그림책 세상 상상하기

(이야기 속에 들어가서 살아보기)

◈ 첫 번째 낱말을 사용한 뒤 어땠나요?

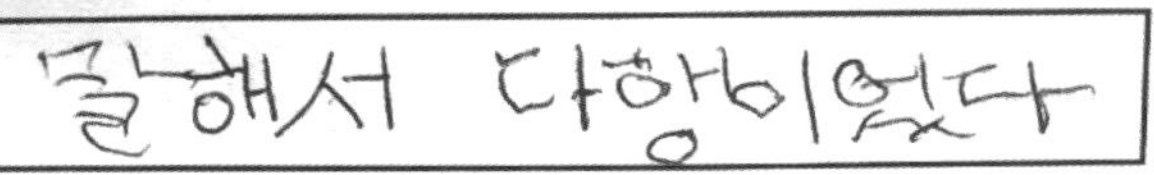

◈ 찌꺼기 낱말을 사용한 뒤 어땠나요?

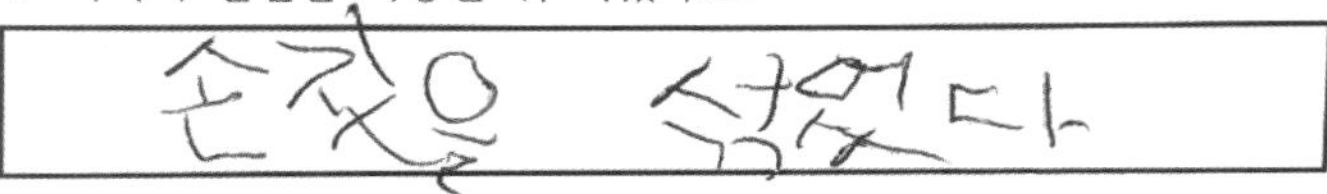

◈ 사용하지 않은 낱말이 있다면 그 이유는 무엇인가요?

◈ 우리가 사는 세상이 낱말공장나라와 다른 점을 써 봅시다.

◈ 우리가 사는 세상이 낱말공장나라와 같은 점을 써 봅시다.

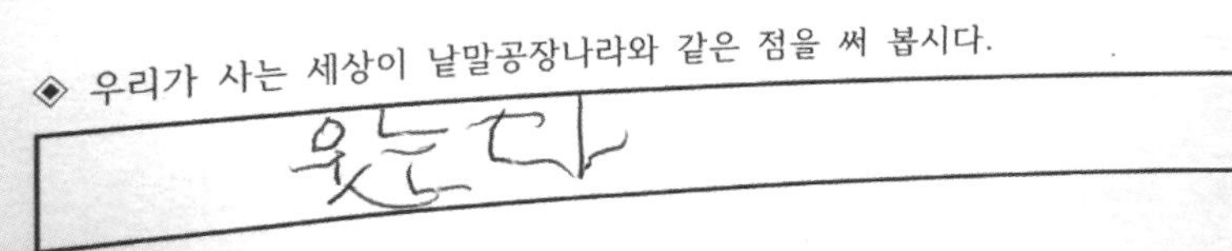

(경험 나누기)

- 놀이를 하면서 경험한 것을 바탕으로 낱말 공장 나라와 우리가 사는 곳의 같은 점과 다른 점을 발표해 봅시다.
  - 낱말 공장 나라가 답답하긴 한데 조용하고 안 싸울 것 같다.
  - 표정이나 몸짓으로도 표현할 수 있다는 것은 같은 점 같다.
  - 우리는 마음 표현보다 다른 말을 많이 하는데 낱말 공장 나라는 마음 표현을 말로 하고 다른 것은 알아서 해결할 수 있다.
  - 말 못해도 같이 지내는 점은 똑같다.
  - 낱말 공장 나라에서 하는 말이 더 잘 들린다.
  - 말을 많이 해도 마음이 전달되지 않을 수도 있다.

마음을 전하는 나의 한마디는? 표현하기

(나는 언제 소통하고 싶나?)

- 나는 언제 마음을 전달하고 싶은지 써 봅시다.

(마음을 전하는 방법 표현하기)

- 나는 어떻게 마음을 전달하고 싶은지 써 봅시다.
- 내가 아껴 두었다가 전하고 싶은 마음을 표현해 봅시다.

5 활동 소감

아이들 생각

마음을 전하는 방법은?

– 눈을 보고 웃으면서 쳐다보는 것이다. (이안)

– 관심이 있으면 자주 보는 것이다. (정인)

– 같이 시간을 보내면 방법을 알게 되는 것이다. (민재)

– 마음을 자주 표현하면 된다. (소담)

– 상황에 맞게 말해주는 것이다. (하연)

– 맞는데 아닌 척 하면 안 된다. (준우)

– 어떤 방법이 좋은지 물어본다. (유주)

– 장난 안치고 진심인 말만 한다. (하은)

– 말에 맞는 표정을 지으면 된다. (시온)

– 마음처럼 행동도 해야 한다. (민교)

– 진짜 마음을 이야기해야 한다. (민수)

– 자기 말만 하면 안 된다. (서현)

선생님 생각

『낱말 공장 나라』를 읽으면 진심을 전할 때 내가 어떻게 했는지 돌아볼 수 있다. 오스카는 구하기 힘든 긴 말로 시벨에게 고백했지만 표정은 굳어 있었고 자기 말만 하며 시벨의 생일을 축하해주지도 않았다. 필레아스는 생일과 전혀 상관없는 단어들을 말했지만 표정과 몸짓뿐 아니라 온몸으로 진심을 다하여 평소처럼 시벨에게 다가갔다.

『낱말 공장 나라』라는 책을 읽으면서 보이지 않는 다른 사람의 마음을 보고 내 마음을 표현하는 것은 진심이 가장 중요하며 그 방법은 너무나 다양하다는 것을 알게 된다. 우리 반 아이들도 자신의 마음만을 쏟아 내기보다 진실된 마음을 서로 들여다보며 진짜 마음을 주고받을 수 있기를 바란다.

대구미래역량교육

창의융합적 사고, 공동체

5학년 수업

거짓말 같은 진짜 이야기

대구미래역량교육 이야기

창의융합적 사고 역량은 다양한 분야의 지식, 정보, 기술, 경험을 융합적으로 활용하여 새로운 것을 창출하고 통합적으로 문제를 해결할 수 있는 역량을 말합니다.

공동체 역량은 지역, 국가, 세계 공동체 구성원에게 요구되는 가치와 태도를 가지고 남을 배려하고 함께 행복한 삶을 실천적으로 행동할 수 있는 역량을 말합니다.

1 책 이야기

도서명 거짓말 같은 이야기

도서정보
- 글, 그림 : 강경수
- 시공주니어
- 2011

관련 역량

창의융합적 사고	자기 관리	공감 소통	공동체
○			○

내 용

나는 대한민국에서 평범하게 학교를 다니며 화가의 꿈을 키우고 있는 학생입니다. 세계는 넓고 다른 나라에는 나와 비슷한 또래의 친구들이 많이 있겠죠?

그런데 다른 나라에 사는 친구들의 이야기를 들어보니, 나처럼 학교도 다닐 수 없고, 부모님을 만날 수도 없고, 미래에 대한 꿈도 키울 수 없는 것 같아요. 설마, 이건 거짓말이겠죠?

핵심 질문

☞ 제목이 왜 거짓말 같은 이야기일까?
☞ 만약 내가 거짓말 같은 이야기 속 인물이라면 어떤 마음일까?
☞ 거짓말 같은 이야기 속 인물들에게 필요한 것은 무엇일까?
☞ 어린이 인권 문제에는 무엇이 있을까?

2 그림책 살펴보기

이 책은 평범하게 학교를 다니고, 미래에 화가가 되겠다는 꿈을 꾸며 친구들과 놀기를 좋아하는 한 아이가 자신을 소개하는 글에서 시작한다. 뒤 이어 광산에서 일을 하며 부모님을 대신해 가족의 생계를 꾸려가는 하산, 말라리아에 걸렸지만 돈이 없어 병을 치료할 수 없는 키잠부, 집이 없어 맨홀 뚜껑 아래에서 살고 있는 엘레나, 지진으로 인해 가족과 모든 것을 잃어버린 르네, 그리고 전쟁에 소년병으로 참전해야 하는 칼라미까지. 평범한 아이의 입장에서는 거짓말처럼 생각되는 이 이야기는 모두 지금 이 순간, 지구 어디에선가 일어나고 있는 현실이다.

3 수업으로 들어가기

5학년 수업 이야기

1차시		2차시
인권의 의미와 중요성 알기	▶	생활 속 인권 보장 사례 찾기

수업흐름

단 계	수 업 내 용
그림책 쳐다보기 (동기 유발)	◎ '거짓말 같은 이야기' 표지 보고 생각 나누기 ▶ 표지부터 보여주면서 아이들과 살펴본다. - 책의 제목을 보니 어떤 생각이 드나요? - 어떤 내용이 펼쳐질 것 같나요?
그림책과 만나기	◎ 멀리서 함께 읽기 - 선생님과 함께 읽으며 전체적인 내용을 파악해 봅시다. - 각각의 책에서 주인공에게 어떤 일이 일어났는지를 생각하며 꼼꼼하게 읽어 봅시다.

<table>
<tr><th>단 계</th><th colspan="2">수 업 내 용</th></tr>
<tr><td rowspan="2">그림책과
만나기</td><td>공동체 역량
인권의 의미와 중요성을
알아보아요!</td><td>창의융합적 사고
우리 생활 속 인권 보장의
사례를 살펴보아요!</td></tr>
<tr><td>◎ 인물의 마음을 이해하며
그림책 함께 읽기
- 이해하기 어려운 단어나 내용이
있나요?
- OO이는 왜 이런 상황에 처하게
되었나요?
- TV나 인터넷에서 OO이와 같은
이야기를 듣거나 본 경험이
있나요?
- 만약 여러분이 OO이라면
어떤 생각이 들까요?
- 만약 여러분이 OO이라면
어떤 감정이 들까요?
- 만약 여러분이 OO이라면
어떤 것이 가장 필요할까요?</td><td>◎ 아동권리협약과 연결 짓기
- UN아동권리협약이란
무엇인가요?
- UN에서 아동권리협약을
만들게 된 이유는 무엇일까요?
- 아동권리협약에 나오는 아동의
권리는 무엇인가요?
- 폭력으로부터 보호받을 권리란
어떤 권리인가요?
- 교육을 받을 권리는 왜
필요할까요?
- 그림책 거짓말 같은 이야기 속
OO이에게 필요한 인권을
아동권리협약에서 찾아 연결
지어 봅시다.</td></tr>
<tr><td>그림책과 놀기</td><td>◎ 인물 가상 인터뷰 활동하기
- 거짓말 같은 이야기 속 인물들이
되어 예상 질문을 만들고 답변을
준비해 봅시다.
- 인터뷰하는 기자가 되어
인터뷰에서 할 질문을 만들어
봅시다.
◎ 인권 찾아주기
- 거짓말 같은 이야기 속
인물들에게 필요한 인권을
찾아줍시다.</td><td>◎ 우리생활 속 인권보장의 사례
살펴보기
- 우리 생활 속에도 인권 보장과
관련한 사례가 있을까요?
- 가정, 학교, 동네, 나라 등
우리 주변 생활 속에서
UN아동권리협약의 인권의 내용과
관련한 사례를 찾아 봅시다.
- 모둠별로 찾은 내용을 발표하여
봅시다.</td></tr>
<tr><td>갈무리
하기</td><td colspan="2">◎ 배운 내용 정리하기
- 책을 읽으면서 내가 경험한 점, 알게 된 점, 느낀 점, 실천해 보고 싶은 점을
기록해 봅시다.</td></tr>
</table>

관련 교육 과정

공동체 역량	☞ 도덕 5-2-6 인권을 존중하며 함께 사는 우리 [6도03-01] 인권의 의미와 인권을 존중하는 삶의 중요성을 이해하고, 인권 존중의 방법을 익힌다.
창의융합적 사고 역량	☞ 사회 5-1-2 인권 존중과 정의로운 사회 [6사02-02] 생활 속에서 인권 보장이 필요한 사례를 탐구하여 인권의 중요성을 인식하고, 인권 보호를 실천하는 태도를 기른다.

평가는 이렇게

교육 과정 성취 기준	평가 내용	평가 기준		평가 방법
[6사02-02] 생활 속에서 인권 보장이 필요한 사례를 탐구하여 인권의 중요성을 인식하고, 인권 보호를 실천하는 태도를 기른다.	인권의 의미와 중요성을 이해하고 생활 속에서 인권 보장이 필요한 사례를 찾을 수 있는가?	상	인권의 의미와 중요성을 설명할 수 있으며 생활 속에서 인권 보장이 필요한 사례를 다양하게 찾을 수 있다.	서술 구술 관찰
		중	인권의 의미와 중요성을 이해하고 생활 속에서 인권 보장이 필요한 사례를 찾을 수 있다.	
		하	인권의 의미와 중요성을 이해하나 생활 속에서 인권 보장이 필요한 사례를 찾는 데 어려움을 느낀다.	

거짓말 같은 이야기 - 공동체 역량	학년 반
인권의 의미와 중요성 알기	이름 :

1. 거짓말 같은 이야기 책 속 주인공에게 필요한 인권을 위에서 찾아서 써 봅시다.

주인공	주인공에게 필요한 인권은?
말라리아에 걸린 키잠부	
지진을 겪은 르네	
맨홀에 사는 엘레나	
광산에서 일하는 하산	
소년병으로 전쟁에 나간 칼라미	

2. 앞에서 나온 인권들 중에서 나와 우리반 친구들에게도 중요한 인권이 있나요? 있으면 쓰고 그 까닭을 써 봅시다.

나에게는

( )권리가 필요합니다.

왜냐하면

4 이렇게 해 봤어요

표지 살펴보기

- 오늘 함께 읽을 책은 『거짓말 같은 이야기』 예요.
- 책의 제목을 보니 어떤 생각이 드나요?
  - 무슨 내용일지 궁금해요.
  - 거짓말인지 거짓말이 아닌지 궁금해요.
- 무슨 내용이 펼쳐질 것 같나요?
  - 거짓말에 대한 이야기일 것 같아요.
  - 거짓말이 아닌 진짜 이야기일 것 같아요.
  - 우리가 앞에서 배웠던 인권에 관련한 이야기일 것 같아요.
- 과연 이 책 속에는 어떤 이야기가 들어있을지 우리 함께 읽어 볼까요?

그림책 함께 읽기

(아이들과 함께 책을 읽는다.) 하산 이야기까지 읽기 (멈춤)

- 혹시 뜻을 잘 모르겠는 단어나 내용이 있나요?
- 하산은 왜 지하 갱도에서 무거운 석탄을 실어나를까요?
  - 배고픈 동생들을 돌봐야 하기 때문에요.
- 여러분도 하산과 같은 경우를 본 적이 있나요?
  - TV에서 어린아이들이 일하는 것을 본적이 있어요.
- 만약 여러분이 하산처럼, 가족들을 위해서 위험한 곳에서 일을 해야 한다면 어떨 것 같나요?
  - 무서울 것 같아요.
  - 다른 일을 하고 싶을 것 같아요.

(아이들과 함께 책을 읽는다.) 키잠부 이야기까지 읽기

- 혹시 뜻을 잘 모르겠는 단어나 내용이 있나요?
- 왜 키잠부는 말라리아에 걸렸지만 치료받지 못하고 있을까요?

– 비싼 약값을 낼 돈이 없어서요.

– 제대로 치료받을 수 있는 병원이 없어서요.

• 여러분도 하산과 같은 경우를 본 적이 있나요?

– TV에서 어린아이들이 아픈데 치료받지 못하는 것을 본 적이 있어요.

• 만약 여러분이 키잠부라면, 어떤 것이 가장 필요할까요?

– 병을 치료할 수 있는 약과 병원이요.

– 건강하게 지낼 수 있는 환경이요.

(아이들과 함께 책을 읽는다.) 엘레나 이야기까지 읽기 (멈춤)

• 혹시 뜻을 잘 모르겠는 단어나 내용이 있나요?

• 엘레나는 왜 맨홀 뚜껑 아래에서 혼자 외롭게 살고 있을까요?

– 돌봐줄 수 있는 가족이 없어서요.

– 살 수 있는 집이 없어서요.

• 집이 없이 맨홀 아래에서 산다면 어떤 점이 불편할까요?

– 더러운 환경에서 병에 걸릴 수 있어요.

– 위험한 일들이 많이 생길 수 있어요.

• 만약 여러분이 엘레나라면 무엇이 가장 필요할까요?

– 외롭지 않게 함께 지낼 수 있는 가족이요.

– 안전하게 지낼 수 있는 집이요.

(아이들과 함께 책을 읽는다.) 르네 이야기까지 읽기 (멈춤)

• 혹시 뜻을 잘 모르겠는 단어나 내용이 있나요?

• 여러분도 지진을 경험해 봤었죠? 그때 어땠었나요?

– 무서웠어요. 집이 무너질까봐 걱정이 되었어요.

• 만약 여러분이 르네처럼, 지진이 나서 집도 학교도 사라지고 가족들도 옆에 없다면 어떨 것 같나요?

– 무서울 것 같아요. 걱정될 것 같아요.

– 가족들이 보고싶을 것 같아요.

(아이들과 함께 책을 읽는다.) 칼라미 이야기까지 읽기 (멈춤)

- 혹시 뜻을 잘 모르겠는 단어나 내용이 있나요?
- 칼라미 얼굴에 난 상처는 왜 생긴걸까요?
  - 전쟁에서 다친 것 같아요.
- 칼라미는 전쟁의 상처로 마음이 아프다고 해요. 왜 그럴까요?
  - 전쟁을 하면서 무서운 것들을 많이 보고 충격을 받아서 그럴 것 같아요.
- 만약 여러분이 칼라미처럼, 어린 나이에 전쟁에 참여한다면 어떨 것 같나요?
  - 무서울 것 같아요.
  - 전쟁이 끝나길 바랄 것 같아요.

(계속 읽기) 마지막 끝까지 읽기

- 이 이야기는 거짓말이였나요? 거짓말이 아닌 진짜 이야기였나요?
  - 진짜 이야기였어요.
- 그럼 이 책을 쓴 작가는 왜 제목을 거짓말 같은 이야기라고 지었을까요?
  - 거짓말인 것 같지만, 사실은 거짓말이 아니라서 그렇게 지었을 것 같아요.
- 여러분이 이 이야기 속 인물들이라면 무엇이 가장 필요할까요?

 인권의 의미와 중요성 알아보기

▶ 이야기 속 5명의 아이와 기자가 되어 인터뷰 활동 참여한다.

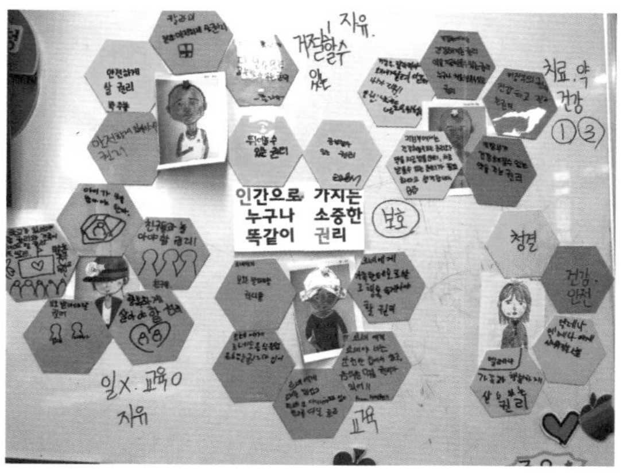

월드카페- 우리 생활 속 인권 보장의 사례 찾아보기(평가)

▶ UN아동권리협약에서 우리 생활(가정, 학교, 사회)와 관련된 사례를 찾아본다.

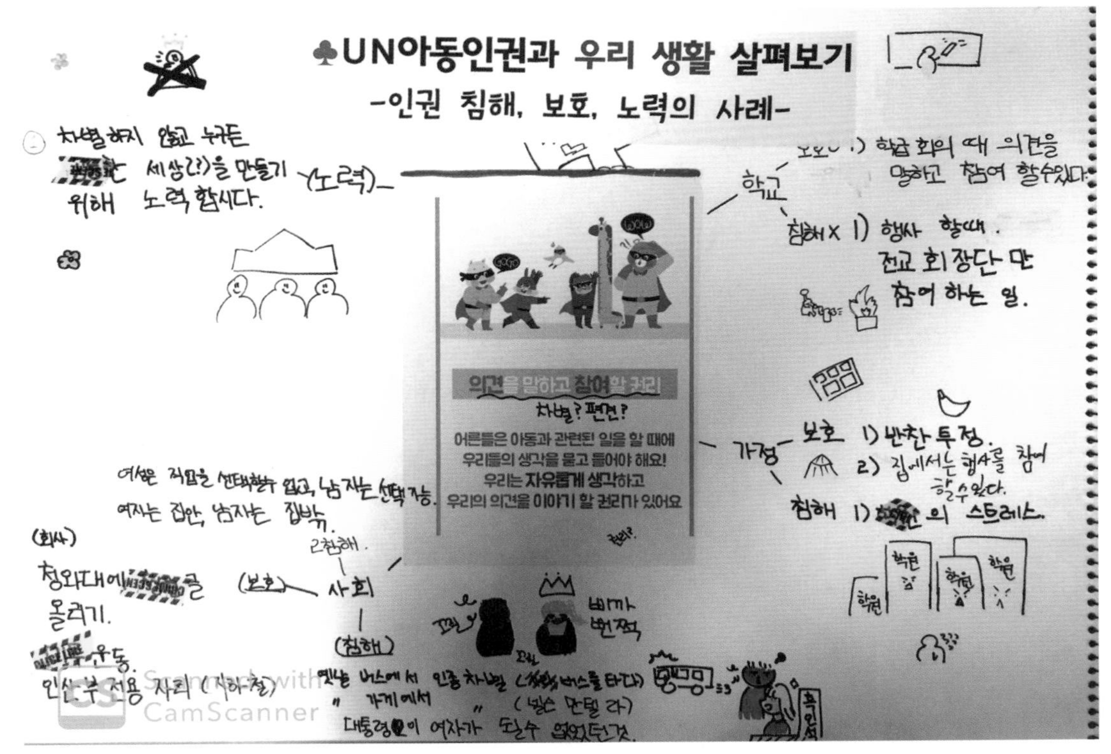

5 활동 소감

아이들 생각

그림책을 읽고

- 나는 학교에 가지 않는게 좋은 거 인줄 알았는데, 다른 나라에는 학교에 가고 싶어도 갈 수 없는 친구들이 있다는 사실을 알게 되었다. (준혁)
- 어린 아이들이 전쟁에 나가야 한다는 것이 충격적이다. 전쟁 없는 평화로운 세상이 오면 좋겠다. (예원)
- 제목을 보고 무슨 이야기일지 궁금했는데, 이 책은 거짓말이 아닌 거짓말 같은 진짜 이야기였다. (도연)
- 어린이에게도 인권이 있다는 사실을 알았다. 나에게도 인권이 있구나. (건)
- 인권이 여러 가지 있고 인권이 소중하다는 것을 알게 되었다. (성주)
- 키잠부야, 어서 빨리 병을 치료받고 건강해지길 바래! (주향)

선생님 생각

처음 이 책을 선정했을 때, 아이들이 과연 이 이야기 속 아이들의 상황에 공감할 수 있을지 의문이 들었다. 그래서 아이들과 어려운 단어나 내용을 서로 묻고 답하며, 천천히 읽어나갔다. 가장 마지막 장, "이것은 우리들의 진짜 이야기란다."라는 부분에서 아이들이 내뱉는 작은 탄식에서 아이들이 마음으로 이 이야기에 공감했다는 것을 느낄 수 있었다. 나아가 직접 가상 인터뷰 활동을 해보며 인간으로서 가장 필요하고 기본적인 권리인 인권에 대해 깊이있게 이해할 수 있었다. 그리고 아이들과 함께 우리 생활 속 인권에 대해서도 되돌아 보며 인권 보장의 중요성을 느낄 수 있었다.

Chapter 2.

자기 관리 역량

대구미래역량교육

자기 관리

1학년 수업

용기를 내 보는 거야

대구미래역량교육 이야기

자기 관리 역량은 자아정체성과 자신감을 가지고 새로운 환경에 적극적으로 도전하며, 삶과 진로에 필요한 신체적·정신적 강인함과 회복탄력성을 갖추어 자기 주도적으로 살아갈 수 있는 역량을 말합니다.

1 책 이야기

도서명 빨간 풍선

도서정보
- 글, 그림 : 황수민
- sang
- 2018

관련 역량

창의융합적 사고	자기 관리	공감 소통	공동체
	○		

내 용

부끄러워서 빨개진 얼굴을 언제나 빨간 풍선으로 가리고 다니는 소년. 버스에서도 교실에서도 바다에서도 언제나 얼굴을 가리고 다닙니다. 서커스 구경을 갔는데 풍선을 놓치게 되고 풍선을 잡으러 뛰어나갔다가 부끄러워 서커스를 할 수 없는 코끼리를 만나게 됩니다. 부끄러워서 아무것도 할 수 없는 코끼리가 내가 준 노란 풍선으로 멋진 곡예를 선보이는 모습을 보고 이제는 용기 내 보겠다고 결심하며 빨간 풍선을 떠나보냅니다.

핵심 질문

☞ 왜 하필 빨간 풍선일까?
☞ 코끼리는 나무 뒤에 소년은 풍선 뒤에 서로 얼굴도 못보고 있어요? 이 모습이 어때요?
☞ 집에 가면서 뭐 했나요?
☞ 포기하는 친구들이 있는데 이 친구들에게 필요한 것은 무엇일까요?
☞ 만약 나라면 이 상황에서 어떻게 해야 할까?

2 그림책 살펴보기

이 책은 부끄러움이 아주 많은 소년의 이야기이다. 너무 부끄러워서 아무것도 할 수 없었던 소년이 빨간 풍선을 가지면서 할 수 있게 되었다. 자신과 같이 부끄러워서 곡예를 할 수 없는 코끼리에게 노란 풍선을 가져다주고 그로 인해 멋진 곡예를 보여준 코끼리 모습을 보면서 자신도 이제는 빨간 풍선 없이 용기를 내 봐야겠다고 이야기한다.

너무 부끄러워서 사람들이 쳐다보기만 해도 얼굴이 빨개진다. 유치원 재롱잔치 때 무대 뒤에서 울기만 했는데 그때 엄마가 준 빨간 풍선 덕분에 무대에도 나가고 소풍도 갈 수 있었다. 그래서 자신과 같은 곤란함을 겪는 코끼리를 도와주면서 소년은 용기를 내게 된다는 이야기다.

『빨간 풍선』은 사람들이 보고 있다는 상상만 해도 얼굴이 빨개지는 부끄럼쟁이들을 위한 그림책으로 부끄러움이 많은 아이들이 용기를 내 보자고 이야기하고 있다. 자신이 두려워하던 것도 용기를 조금만 내면 빨간 풍선 도움 없이도 할 수 있게 된다는 것을 아이들과 이야기 하고 싶었다.

3 수업으로 들어가기

1학년 수업 이야기

1차시		2차시
함께 읽고 이야기 나누기	▶	격려 샤워

수업흐름

단 계	수 업 내 용
그림책 쳐다보기 (동기 유발)	◎『빨간 풍선』 표지 보고 생각 나누기 ▶ 표지부터 보여주면서 아이들과 살펴본다. - 이 표지를 보면 어떤가요? - 맨 마지막 장면은 풍선이 날아가고 있어요. 도대체 왜 이런 일이 일어났을까요?

<table>
<tr><th>단 계</th><th>수 업 내 용</th></tr>
<tr><td>그림책과
만나기</td><td>◎ 그림책 함께 읽기

이 책은 속표지에서부터 이야기가 시작된다. 그래서 속표지의 크레파스들의 표정들을 보면서 같이 이야기 나눈다.

▶ 속표지부터 읽어주기
나는 부끄럼을 아주 많이 타요. 아마 지구상에서 최고일 거예요.
사람들이 쳐다보기만 해도 얼굴이 빨개져요. (멈춤)
- 왜 하필 빨간 풍선일까?

▶ 교실에서도 바닷가에 소풍 와서도 풍선으로 얼굴을 가리고 다녀요. (멈춤)
오늘은 엄마와 서커스를 보러 왔어요. (대화하며 진행)
- 코끼리는 나무 뒤에 소년은 풍선 뒤에 서로 얼굴도 못보고 있어요? 이 모습이 어때요?
- 서커스 하지 않고 있으면 조련사가 어떻게 할까요?

▶ 끝까지 읽어주기
- 집에 가면서 뭐 했나요?
- 우리 반 친구들 중에서도 ‘발표 못하겠어요.’ 하고 포기 하는 친구들이 있는데 이 친구들에게 필요한 것은 무엇일까요?
- 용기를 좀 내면 좋겠어요? 그럼 글을 잘 쓰려면 어떤 용기가 필요할까요?</td></tr>
<tr><td>그림책과
놀기</td><td>◎ 자기 관리 역량 격려 샤워 활동하기
- 용기를 좀 내면 좋겠어요? 그럼 글을 잘 쓰려면 어떤 용기가 필요할까요?
- 내가 두려울 때 부끄러울 때 용기가 필요할 때 빨간 풍선이 필요할 때를 찾아서 나에게 필요한 격려 적어보기
- 우리의 마음이 두려움을 이겨낼 수 있도록 용기를 불어넣어 주는 격려의 말을 맞추는 격려 샤워를 해 봅시다.

격려의 말 고르기 - 서클로 격려의 말 듣기 - 격려의 말이면 “격려 받았습니다.” 아니면 “고맙습니다.” 응답하기</td></tr>
<tr><td>갈무리
하기</td><td>◎ 배운 내용 정리하기
- 책을 읽으면서 내가 경험한 점, 알게 된 점, 느낀 점, 실천해 보고 싶은 점을 기록해 봅시다.</td></tr>
</table>

관련 교육 과정

자기 관리 역량	☞ 가을 1-2-1. 내 이웃 이야기 슬기로운 생활 [2슬-05-01] 이웃과 더불어 생활하는 모습을 조사하고 발표한다.

평가는 이렇게

교육 과정 성취 기준	평가 내용	평가 기준		평가 방법
슬기로운 생활 [2슬-05-01] 이웃과 더불어 생활하는 모습을 조사하고 발표한다.	여러 이웃과 함께 생활하는 모습을 조사하여 발표하고, 용기가 필요한 상황에 따른 말을 할 수 있는가?	상	여러 이웃을 생각해 보고 그들이 함께 생활하는 모습에 대하여 조사·발표하고 용기가 필요한 상황에 맞는 격려 말하기를 한다.	서술 구술
		중	이웃들이 함께 살아가는 모습에 대하여 조사하고 용기가 필요한 상황에서 격려 말하기를 한다.	
		하	이웃과 함께 살아가는 모습에 대하여 말하고 용기가 필요한 상황을 말한다.	

빨간 풍선 - 자기 관리 역량	학년 반
내가 필요한 격려는?	이름 :

■ 부끄럽거나 용기가 필요할 때 용기를 내지 못한 경우는 언제인가요? 그때 빨간 풍선처럼 나를 용기 내게 해주는 대상이 있나요? 그 상황을 그리고 내게 필요한 격려의 말을 써 보세요.

이 풍선을 가지면

왜냐하면,

나는 다음과 같은 격려의 말을 들으면 용기가 생겨요.

4 이렇게 해 봤어요

표지 살펴보기

『빨간 풍선』이라고 표지의 제목을 읽음

– 선생님, 이상해요. 얼굴이 없어요.

『빨간 풍선』 뒷표지를 보여주며

- 맨 마지막 뒷 표지에는 풍선이 날아가고 있네요.
- 도대체 왜 이런 일이 일어났을까?
  – 아, 알겠다. 풍선으로 얼굴을 가리고 있다가 바람이 날라갔어요.
  – 나쁜 친구였는데 나쁜 게 사라져서 빨간 풍선이 아닌가요?
- 면지를 보여준다.
  – 빨간 바탕에 소년이 풍선을 들고 가고 있어요.
  – 모든 장면에서 풍선을 가지고 있어요.
- 어떤 일이 있었는지 봅시다.

그림책 함께 읽기

나는 부끄럼을 아주 많이 타요. 아마 지구상에서 최고일 거예요. 사람들이 쳐다 보기만 해도 얼굴이 빨개져요. (멈춤)

– 아, 그래서 빨간 풍선이 나오는 거다.
– 부끄러워서 들고 다닌다.

- 왜 하필 빨간 풍선일까?
  – 빨간색 풍선이 진하니까
  – 부끄러우면 얼굴이 빨개지는데 다른 색이면 다 티가 나잖아요.
  – 빨간 풍선하면 볼이 빨개진 것도 티가 안 나고 그 색이 진해서 안 보여가지고.
  – 사람들이 자기를 보면 놀린다고 하잖아요. 그런 것처럼 안 보이게 할려고 그런다.

교실에서도 바닷가에 소풍 와서도 풍선으로 얼굴을 가리고 다녀요. (멈춤)

– 버스에서도 뒤쪽, 교실에서도 뒤쪽이에요.

– 풍선을 어디 묶어 놓은 것 같아요.

– 아니야. 손에 쥐고 있어.

오늘은 엄마와 서커스를 보러 왔어요. (대화하며 진행)

– 저래서 서커스를 볼 수가 있나? 아이고. 볼 수가 없어.

– 풍선을 놓쳤을 때 소년의 얼굴을 볼 수 있을 줄 알았는데 계속 가려져서 볼 수가 없어요.

– 코와 입을 봤어요.

• 코끼리는 나무 뒤에 소년은 풍선 뒤에 서로 얼굴도 못보고 있어요? 이 모습이 어때요?

– 서로 너무 부끄러워해요.

• 서커스 하지 않고 있으면 조련사가 어떻게 할까요?

– 혼날 것 같아요.

– 불쌍해요.

나는 빨간 풍선 덕분에 무대에도 나가고 소풍도 갈 수 있었어요.

유치원 때 사진을 보면서 풍선이 없었으면 못했을 것 같아요.

• 집에 가면서 뭐 했나요?

– 얼굴이 빨개요.

– 이제는 용기 내 보겠대요.

– 코끼리도 용기를 내보겠다고 풍선을 보냈어요.

끝까지 읽기.

• 우리 반 친구들 중에서도 발표 못하겠어요 하고 포기 하는 친구들이 있는데 이 친구들에게 필요한 것은 무엇일까요?

– 용기예요.

• 용기를 좀 내면 좋겠어요? 그럼 글을 잘 쓰려면 어떤 용기가 필요할까요?

– 글을 막 쓰는 용기가 필요해요.

• 우리의 마음이 두려움을 이겨낼 수 있도록 용기를 불어넣어 주는 격려의 말을 맞추는 격려 샤워를 해 봅시다.

내게 빨간 풍선이 필요할 때 찾아 내게 필요한 격려 쓰기

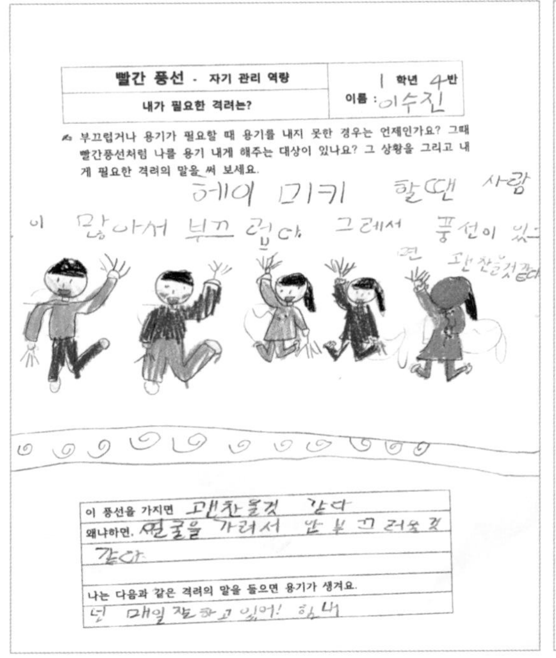

빨간 풍선 - 자기 관리 역량 | 1 학년 4 반
내가 필요한 격려는? | 이름 : 이수진

부끄럽거나 용기가 필요할 때 용기를 내지 못한 경우는 언제인가요? 그때 빨간풍선처럼 나를 용기 내게 해주는 대상이 있나요? 그 상황을 그리고 내게 필요한 격려의 말을 써 보세요.

헤이 미키 할땐 사람이 많아서 부끄럽다. 그래서 풍선이 있으면 괜찮을것같다

이 풍선을 가지면 괜찮을것 같다
왜냐하면, 얼굴을 가려서 안 부끄러울 것 같다

나는 다음과 같은 격려의 말을 들으면 용기가 생겨요.
넌 매일 잘하고 있어! 힘내

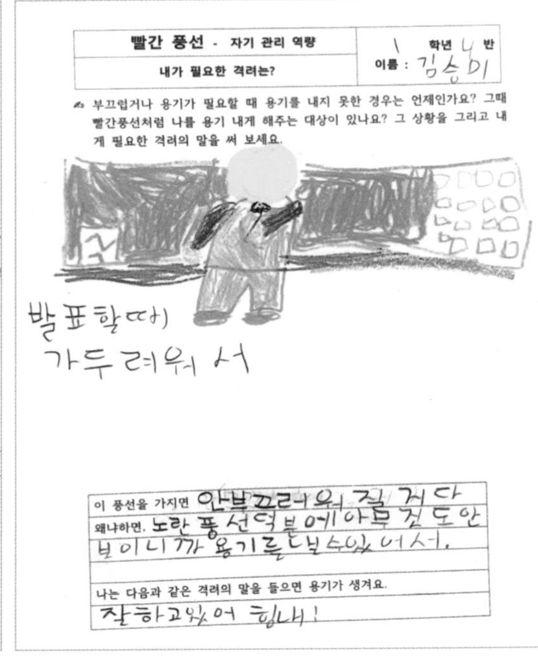

빨간 풍선 - 자기 관리 역량 | 1 학년 4 반
내가 필요한 격려는? | 이름 : 김승미

부끄럽거나 용기가 필요할 때 용기를 내지 못한 경우는 언제인가요? 그때 빨간풍선처럼 나를 용기 내게 해주는 대상이 있나요? 그 상황을 그리고 내게 필요한 격려의 말을 써 보세요.

발표할때 가두려워서

이 풍선을 가지면 안부끄러워 질 거다
왜냐하면, 노란 풍선덕분에 아무것도 안보이니까 용기를 낼수있어서.

나는 다음과 같은 격려의 말을 들으면 용기가 생겨요.
잘하고있어 힘내!

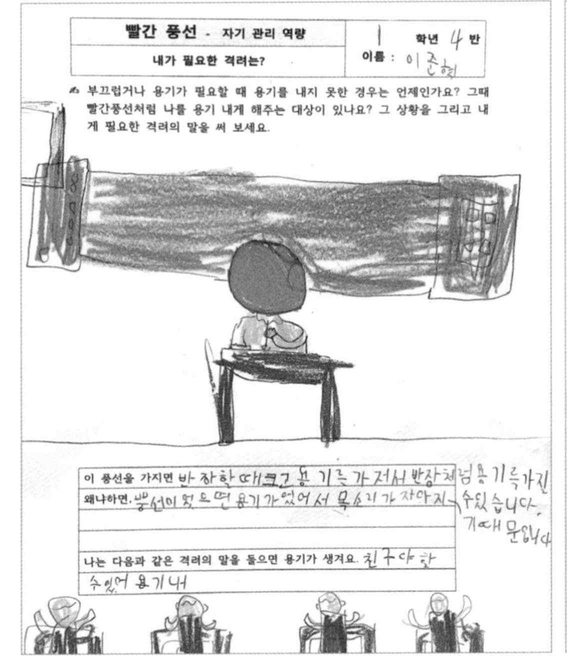

빨간 풍선 - 자기 관리 역량 | 1 학년 4 반
내가 필요한 격려는? | 이름 : 이준혁

부끄럽거나 용기가 필요할 때 용기를 내지 못한 경우는 언제인가요? 그때 빨간풍선처럼 나를 용기 내게 해주는 대상이 있나요? 그 상황을 그리고 내게 필요한 격려의 말을 써 보세요.

이 풍선을 가지면 반장할때크고 용기를가저서 반장처럼 용기를가질 수있습니다.
왜냐하면, 풍선이 있으면 용기가 없어서 목소리가 자아지기때문입니다

나는 다음과 같은 격려의 말을 들으면 용기가 생겨요. 친구야 할 수있어 용기내

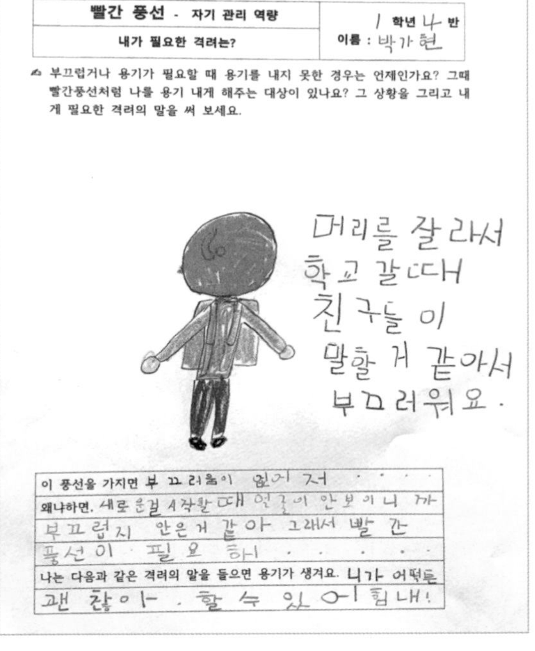

빨간 풍선 - 자기 관리 역량 | 1 학년 4 반
내가 필요한 격려는? | 이름 : 박가현

부끄럽거나 용기가 필요할 때 용기를 내지 못한 경우는 언제인가요? 그때 빨간풍선처럼 나를 용기 내게 해주는 대상이 있나요? 그 상황을 그리고 내게 필요한 격려의 말을 써 보세요.

머리를 잘라서 학교 갈때 친구들이 말할 거 같아서 부끄러워요.

이 풍선을 가지면 부끄러움이 없어 저 . . . .
왜냐하면, 새로운걸 시작할때 얼굴이 안보이니까 부끄럽지 안은거 같아 그래서 빨간 풍선이 필요해 . . . . .

나는 다음과 같은 격려의 말을 들으면 용기가 생겨요. 니가 어떻든 괜찮아 . 할 수 있어 힘내!

내가 원하는 격려 샤워 받기

- 내가 원하는 격려 샤워는 자신이 용기 내는 데 필요한 격려의 말을 격려 말 중에서 하나를 고른다.
- 나를 중심으로 친구들이 서클로 선다.
- 한 명씩 돌아가면서 나에게 격려의 말을 들려준다.
- 내가 원하는 격려의 말이면 "격려 받았습니다."라고 말한다.
- 내가 원하는 격려의 말이 아니면 "고맙습니다."라고 말한다.
- 격려 받았습니다. 라는 말이 나오면 한 서클을 돌고 끝내고, 한 서클을 돌아도 원하는 격려가 나오지 않으면 한 번 더 서클을 돈다.
- 모든 사람들은 나의 격려 샤워를 큰소리로 같이 말해 준다.
- 활동 후, 격려 샤워 대상자가 자신의 소감을 이야기한다.
- 매일 한 명씩 돌아가며 격려 샤워를 진행한다.

평가 - 격려 샤워

▶ 상황에 따른 격려의 말을 고를 수 있는지 서술하고, 친구를 위한 격려 샤워에 적극적으로 참여하는지 관찰한다.

5 활동 소감

아이들 생각

내가 받고 싶은 격려는?

– 발표할 때가 두렵다. 이 풍선을 가지면 안 부끄러워질 것 같다. 노란 풍선 덕분에 아무것도 안보이니까 용기를 낼 수 있을 것 같기 때문이다. “잘하고 있어. 힘내!” (승미)

– 일일 반장할 때 목소리가 작아서 진행하기 어렵다. 빨간 풍선을 가진다면 용기가 생겨서 큰 목소리가 나올 것 같습니다. “친구야, 할 수 있어. 용기 내.” (준혁)

– 예술제 ‘헤이 미키’ 할 때 사람들이 많아서 부끄러웠다. 빨간 풍선이 있다면 안 부끄러울 것 같다. “넌 매일 잘 하고 있어! 힘내.” (수진)

– 머리를 잘라서 학교 갈 때 친구들이 말할 것 같아서 부끄러워요. 빨간 풍선이 있다면 부끄러움이 없어질 것 같아요. 새로운 것을 시작할 때 두려운데 빨간 풍선이 필요해. “니가 어떻든 괜찮아. 할 수 있어. 힘내!” (가현)

– 발표를 할 때 두렵다. 빨간 풍선을 가지면 안 부끄러워질 것 같다. 왜냐하면 발표를 잘하게 될 거다. “나는 그래도 네 편이야.” (예준)

– 발표할 때 친구들이 나를 봐서 부끄럽다. 이 풍선을 가진면 부끄러움이 없어질 것 같다. 내 얼굴이 가려져서 난지 모르기 때문이다. “잘하고 있어. 힘내!” (지현)

– 예술제 때 무대 위에서 ‘헤이 미키’ 춤 출 때 부끄러웠다. 풍선을 가지면 안 부끄럽다. “화이팅!” (하은)

– 발표할 때 풍선을 쓸 거다. 풍선이 가려주니까. “나는 그래도 네 편이야.” (보민)

– ‘헤이 미키’ 할 때 사람들이 많아서 부끄럽다. 이 풍선을 가지면 무대 위에서 춤 출 수 있다. 날 안 보는 것 같아서. “넌 사랑 받는 사람이 될 거야.” (지원)

– 인사를 할 때 이 풍선을 가지면 인사를 안 할 수 있다. “고마워.” (성완)

– ‘헤이 미키’ 할 때 떨렸어요. 풍선이 있으면 앞이 안 보여서 부끄러움이 없어질 것 같다. “친구야, 잘 할 수 있어. 힘내!” (민준)

– 발표할 때 부끄럽다. 이 풍선이 있으면 용기 내서 할 수 있다. “누구나 실수할 수 있어.” (도희)

– 글씨를 쓸 때 글씨가 삐뚤어지거나 틀렸을 때 부끄럽다. 이 풍선을 가지고 있으면 글씨를 가릴 수 있어서 잘할 수 있을 것 같다. "괜찮아, 너는 다음에 더 잘할 거야." (찬엽)
– 길에서 뭐를 먹을 때 이 풍선이 있으면 마음대로 먹을 수 있다. 다른 친구들이 먹는데 자꾸 쳐다보니까. "넌 할 수 있어." (나윤)
– 일일 반장이 되었을 때 이 풍선을 가지면 용기가 생긴다. "힘내" (시은)
– '헤이 미키' 춤 출 때 내 몸이 마구마구 떨렸다. 사람들이 많아서 떨렸지만 이 풍선이 있으면 조금도 안 떨린다. "넌 노력하고 있잖아. 힘내." (재혁)
– 나는 생활 공책 쓰는데 친구들은 잘 하는데 나는 그렇지 않아서 풍선이 있으면 부끄럽지 않을 것 같다. "넌 잘할 수 있어." (시윤)
– 발표할 때 두려운데 이 풍선을 가지면 발표할 때 가려주니깐 발표를 잘할 수 있다. "힘내" (민재)

선생님 생각

사람은 누구나 두려운 부분이 있고 그 두려운 부분을 극복하기 위해서는 용기가 필요하다. 그런데 혼자서 용기를 내는 것은 쉽지 않다. 소년이 자기와 같은 상황의 코끼리를 도와주면서 용기를 냈듯이 우리 아이들도 친구들에게 자신이 원하는 격려를 들으면서 자신만의 두려움을 용기로 맞서는 방법을 배울 수 있었다.

인정을 받고 싶은 아이, 응원이 필요한 아이, 사랑을 확인하고 싶은 아이 등으로 아이마다 자신이 원하는 진정한 격려가 다르다는 것을 알 수 있었다. 아이가 진정으로 원하는 격려를 친구들과 부모님들이 해 준다면 아이들은 격려라는 빨간 풍선을 이용하여 세상을 향해 한 걸음 더 용기 낼 것이다.

대구미래역량교육

자기 관리

1학년 수업

골고루 먹으려면?

대구미래역량교육 이야기

자기 관리 역량은 자아정체성과 자신감을 가지고 새로운 환경에 적극적으로 도전하며, 삶과 진로에 필요한 신체적·정신적 강인함과 회복탄력성을 갖추어 자기 주도적으로 살아갈 수 있는 역량을 말합니다.

1 책 이야기

도서명 난 토마토 절대 안 먹어

도서정보
- 글, 그림 : 로렌 차일드
- 국민서관
- 2001

관련 역량

창의융합적 사고	자기 관리	공감 소통	공동체
	○		

내 용

찰리에겐 롤라라는 여동생이 있습니다. 가끔은 롤라에게 밥을 차려 줘야 합니다. 이건 꽤나 힘든 일입니다. 왜냐하면 롤라는 싫어하는 음식이 아주 많습니다. 이를테면 감자, 당근, 생선, 콩 그중에서 토마토를 절대로 안먹습니다. 그런 롤라를 위해 찰리는 색다른 식사법을 고안하게 됩니다. 그런데 이게 어떻게 된 일이지요? 롤라가 자진해서 싫어하는 음식을 아주 맛나게 먹는 겁니다. 도대체 찰리는 롤라에게 뭐라고 했을까요? 요즘 인스턴트 음식줍 길들어진 아이들이 정말 몸에 좋은 콩이나 토마토, 감자, 당근 등을 꺼린다고 합니다. 그런 아이를 위해 음식에 아주 특별한 이름을 붙여줍니다. 그리고 상상의 날개를 달아주면 어느새 앞에 놓인 영양가 있는 음식을 맛나게 먹게 될 것입니다.

핵심 질문

☞ 롤라는 어떤 음식을 절대 안 먹으려고 했을까?
☞ 찰리가 롤라에게 뭐라고 했길래 토마토를 스스로 먹게 되었을까?
☞ 마음먹기에 따라 달라 보이는 것은 무엇이 있을까?

2 그림책 살펴보기

"엄마, 난 양파랑 파는 안 먹어. 당근도 싫어." 밥상을 차리는 순간부터 엄마와 아이의 싸움은 시작된다. 편식하는 아이에게 이것저것 골고루 먹이려는 엄마의 마음은 식사 시간마다 매번 무겁고 힘들어진다. 입에 맞는 음식만을 고집하는 아이들의 모습은 우리 아이들이나 동화 속에 나오는 롤라나 별로 다를 것이 없는 것 같다. 하지만 그런 롤라에게 골고루 음식을 먹이려는 찰리의 모습은 여느 엄마들과는 조금 달라 보인다.

당근하고 콩하고 감자하고 생선튀김은 안 먹는다는 롤라 때문에 찰리는 좋은 꾀를 생각해 낸다. 음식들의 이름을 근사하게 바꾸는 것이다. 이제 롤라가 먹기 싫었던 음식의 이름들은 오렌지뽕가지뽕, 초록방울, 바다얌냠이, 구름보푸라기로 바뀐다. 이름만 들어도 입 안에 군침이 가득 도는 그런 음식들처럼 말이다. 바다 속 인어들이 먹는 바다얌냠이라면, 초록 나라에서 만들어져서 떨어지는 초록방울이라면, 백두산 꼭대기에 걸려 있는 구름보푸라기라면 아이들도 호기심에 한번 맛을 보고 싶어질 것이다. 밥을 먹으면서 롤라는 목성에 갔다 오고, 인어들이 사는 바다 속도 다녀오고, 백두산 꼭대기에도 오를 수 있을 테니까 말이다.

찰리와 롤라의 이야기는 아이들과 정말 맛있게 골고루 음식을 먹는 것이 어떤 것인지를 잘 보여 주고 있다. 그것은 억지로 떠먹여 주고, 힘들여 어르고 달래는 것이 아니라, 아이들의 세상 안으로 쑥 들어가 함께 즐기며 아이들 스스로 밥을 먹게 하는 것이다. 찰리는 변덕쟁이이지만, 순수하고 호기심 많은 어린 동생의 마음을 진정으로 잘 이해하고 있다. 그래서 정말 재미있고 신나게 동생의 식사 시간을 바꿔 준다. 우리네 엄마들도 찰리의 방법을 흉내 낸다면, 밥상 앞에서 엄마와 또는 급식판 앞에서 선생님과 씨름하느라 힘들었던 우리 아이들의 밥 먹는 시간이 아마 꿈처럼 달콤하고 재미있어질 것 같다. 음식의 놀라운 세계를 그려낸 이 책 한 권으로 모든 아이들의 식사 시간이 하루 중 가장 유쾌한 시간이 되었으면 좋겠다.

3 수업으로 들어가기

1학년 수업 이야기

1차시		2차시
함께 읽고 이야기 나누기	▶	내가 바꿔보고 싶은 음식 이름

수업흐름

단 계	수 업 내 용
그림책 쳐다보기 (동기유발)	◎『난 토마토 절대 안 먹어』 표지 보고 생각 나누기 ▶ 표지부터 보여주면서 아이들과 살펴본다. - 왜 책의 제목이 '난 토마토 절대 안 먹어'일까요? - 여러분은 절대 안 먹는 음식이 있나요? - 표지 그림에 두 친구는 어떤 관계일까요?
그림책과 만나기	◎ 그림책 함께 읽기 ▶ 앞 면지 보여주고 속표지부터 읽어주기 (아이들과 함께 책을 읽는다.) 당근은 토끼나 먹는 거라나요. (멈춤) - 롤라는 왜 당근을 안 먹을까? 다른 채소는? - 당근을 보는 롤라의 표정은? 좋은 꾀를 생각해 냈죠. 까지 읽어주기 - 찰리가 생각해낸 좋은 꾀가 무엇일까? 오늘 요리를 나열하며 우리가 먹는 식사와 연결지어 책 읽어주기 - 잘 아는 음식도 있고, 모르는 음식도 있어요. 무얼까요? - 내가 좋아하는 음식과 좋아하지 않는 음식은? "이건 목성에서 나는 오렌지뽕가지뽕이라고."까지 읽어주기 - 아이들 반응을 살펴본다. 롤라가 그러더니 한 입 더 베어 먹었어요. 까지 읽어주기 - 당근은 절대로 안 먹는다던 롤라가 어떻게 당근을 먹게 되었을까? - 음식을 골고루 먹으려면 어떻게 하면 될까? ▶ 끝까지 읽어주기

단 계	수 업 내 용
그림책과 놀기	◎ 자기 관리 역량 내가 원하는 음식 그리기 활동하기 - 편식하는 습관을 고칠 수 있도록 음식이나 과일 채소의 이름을 어떻게 바꿔보고 싶은지 그려 보세요. - 내가 원하는 이름의 음식을 그리고 이유를 쓴다. - 주제 돌림 말하기로 친구들과 이야기 나눈다.
갈무리 하기	◎ 배운 내용 정리하기 - 책을 읽으면서 내가 경험한 점, 알게 된 점, 느낀 점, 실천해 보고 싶은 점을 기록해 봅시다.

관련 교육 과정

자기 관리 역량	☞ 국어 1-1-7. 생각을 나누어요. 쓰기 [2국03-02] 자신의 생각을 문장으로 표현한다.

평가는 이렇게

교육 과정 성취 기준	평가 내용	평가 기준		평가 방법
쓰기 [2국03-02] 자신의 생각을 문장으로 표현한다.	내가 원하는 음식을 자신의 생각을 바탕으로 구체적인 문장으로 표현할 수 있는가?	상	문장 부호나 꾸며주는 말을 사용하여 자신이 원하는 음식을 자신의 생각을 바탕으로 구체적인 문장으로 표현할 수 있다.	서술 구술
		중	문장 부호나 꾸며주는 말을 사용하여 자신이 원하는 음식을 자신의 생각을 바탕으로 문장으로 표현할 수 있다.	
		하	문장 부호를 사용하여 자신이 원하는 음식을 자신의 생각을 바탕으로 문장으로 표현할 수 있다.	

난 토마토 절대 안 먹어 - 자기 관리 역량	학년 반
내가 원하는 음식 그리기	이름 :

◈ 오빠가 동생의 편식하는 습관을 고치도록 재미있는 이름으로 표현해 먹을 수 있도록 도와주었어요. 여러분은 음식이나 과일 채소 이름을 어떻게 바꿔 보고 싶은지 그려 보세요.

이 음식의 이름은 ______ 야.

왜냐하면 ______ 때문이야.

4 이렇게 해 봤어요

표지 살펴보기

- 오늘 함께 읽을 책은 『난 토마토 절대 안 먹어』예요.
  - 어, 나도 토마토 싫어하는데.
  - 난 토마토 좋아해요.
- 책 제목이 보이나요? 왜 '난 토마토 절대 안 먹어' 일까요?
  - 책에 나오는 친구가 토마토를 싫어하나 봐요.
- 여러분은 절대 안 먹는 음식이 있나요?
  - 채소를 싫어해요. 절대 안 먹진 않아요.
  - 저는 뭐든지 잘 먹어요. 급식도 매일 싹싹 비워요.
- 표지 그림에 두 친구는 어떤 관계일까요?
  - 친구 같아요.
  - 오빠랑 여동생 같아요.
- 그럼 우리 함께 읽어볼까요?

그림책 함께 읽기

(아이들과 함께 책을 읽는다.) 당근은 토끼나 먹는 거라나요. (멈춤)

- 롤라는 왜 당근을 안 먹을까? 다른 채소는?
  - 맛이 없어서요. 다른 채소도 싫어할 것 같아요.
- 당근을 보는 롤라의 표정은?
  - 기분이 나빠보여요.
  - 아주 끔찍한 것을 보는 표정이에요.

좋은 꾀를 생각해 냈죠. 까지 읽어주기

- 찰리가 생각해낸 좋은 꾀가 무엇일까?
  - 롤라가 채소를 먹게 도와줄 것 같아요.

오늘 요리를 나열하며 우리가 먹는 식사와 연결지어 책 읽어주기

- 잘 아는 음식도 있고, 모르는 음식도 있어요. 무얼까요?
  - 콩, 당근, 감자, 버섯, 달걀, 소시지…는 잘 아는 음식이에요.
  - 꽃양배추는 잘 모르는 음식이에요.
- 내가 좋아하는 음식과 좋아하지 않는 음식은 있나요?
  - 소시지, 달걀, 스파게티, 바나나는 좋아하는 음식이에요.
  - 콩, 당근, 버섯은 좋아하지 않아요.

"이건 목성에서 나는 오렌지뽕가지뽕이라고."까지 읽어주기

- 아이들 반응을 살펴본다.
  - 와하하. 오렌지뽕가지뽕이 뭐예요. 너무 웃긴 이름이에요.
  - 그 뒤에 롤라가 어떻게 했을지 궁금해요.

롤라가 그러더니 한 입 더 베어 먹었어요. 까지 읽어주기

- 당근은 절대로 안 먹는다던 롤라가 어떻게 당근을 먹게 되었을까?
  - 찰리가 당근에 재미있는 이름을 붙여줘서요.
  - 평소랑 다른 음식이라고 생각해서 먹은 것 같아요.
  - 막상 먹어보니깐 생각보다 맛있어서 더 많이 먹었어요.
- 음식을 골고루 먹으려면 어떻게 하면 될까?
  - 싫어하는 음식에 재미있는 이름을 붙여주고 맛있다고 생각해요.
  - 우리 몸을 자라고 튼튼하게 해주는 음식이니 한입 먹어 봐요.

▶ 끝까지 읽어주기

- 으깬 감자를 구름보푸라기라고 표현한 것이 재밌어요.
- 생선튀김 이름이 바다얌냠이인 것도요.

- 마지막에 롤라는 토마토를 먹었을까요?
  - 책에 나와있지는 않지만 토마토를 달치익쏴아로 맛있게 먹었을 것 같아요.
  - 롤라가 다음번 식사 때에도 채소를 골고루 먹을 것 같아요.

내가 원하는 음식은? 표현하기

▶ 오빠가 동생의 편식하는 습관을 고치도록 재미있는 이름으로 표현해 먹을 수 있도록 도와 주었어요. 여러분은 음식이나 과일 채소 이름을 어떻게 바꿔 보고 싶은지 그려 보세요.

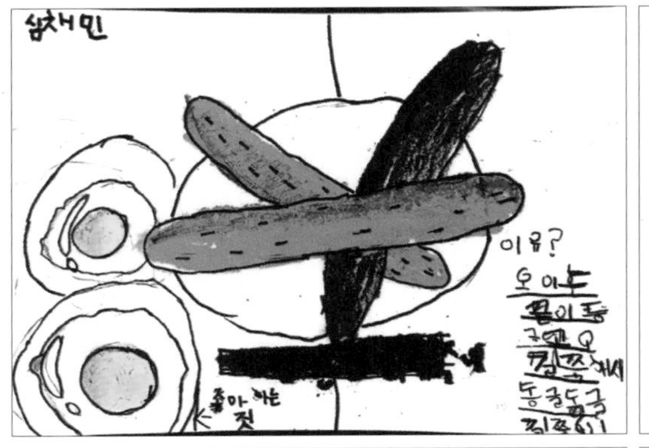

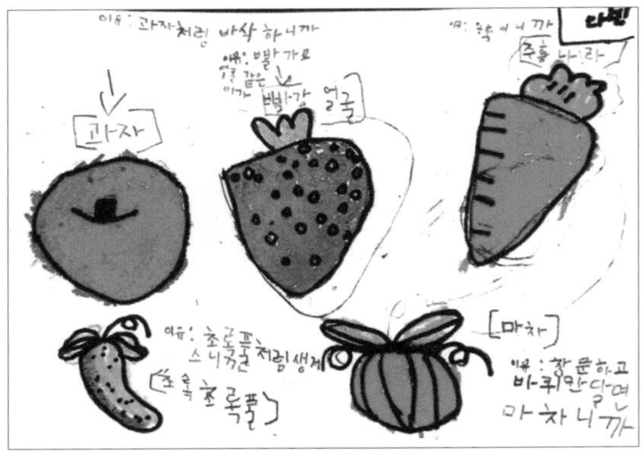

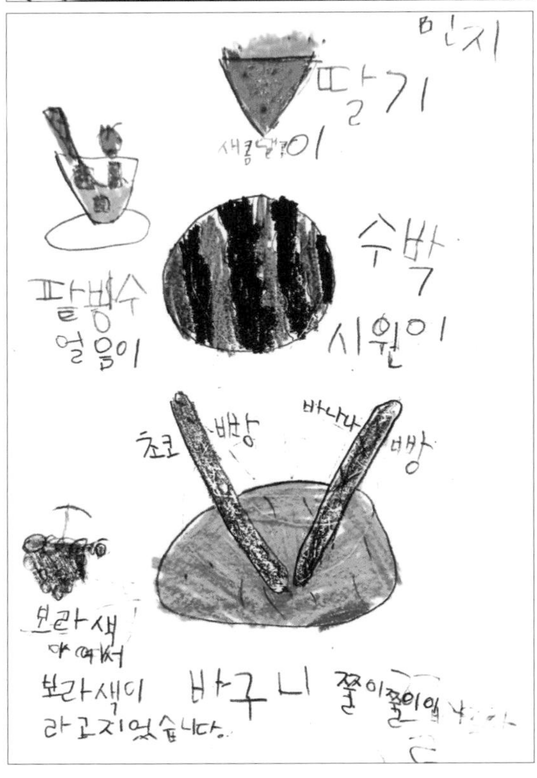

5 활동 소감

아이들 생각

「난 토마토 절대 안 먹어」

책을 읽고, 나의 생각, 느낌, 결심은?

– 나는 이제 급식을 많이 먹고 남기지 않아야지. (예리)
– 저는 급식을 먹고 성장을 하고 싶은데 왜 안 될까요? (민지)
– 우와 대견하다. 급식을 먹고 성장하고 싶은데 맛있겠다. (유경)
– 난 이제부터 급식을 잘 먹어야 잘 성장을 할 수 있을 것 같다. (찬우)
– 느낌, 생각 : 나도 토마토 절대 안 먹어. 결심: 이제 토마토 잘 먹을 거야.
  하고 싶은 말 : 너도 토마토 잘 먹어야 돼. (가연)
–『난 토마토 절대 안 먹어』에서 나오는 주인공처럼 편식하지 않아요. (한울)
– 나는 엄청 많이 먹고 많이 남기지 않을 거예요. (다빈)
– 밥을 잘 먹고 많이 안 남기고 싶어요. (유경)
– 너 정말 대단하다! (한결)
– 나는 이제 급식을 많이 남기지 말자. (서진)
– 이제 토마토 잘 먹을 거야. 너도 토마토 잘 먹어야 돼. (채이)
– 멋있다. 고마워. (민욱)
– 네 동생은 왜 편식을 했을까? 나는 편식하지 않고 밥을 잘 먹어. (동건)
– 토마토는 먹어야 돼! 토마토 편식하지 마! 토마토는 꼭 먹어야 돼! (예준)
– 네 동생 지금은 어렵지만, 언젠가는 좋아질 거야. (시연)
– 토마토 싫어도 편식은 하지 마. 이제부터 골고루 잘 먹어. (지윤)
– 나는 결심했다. 앞으론 밥을 다 잘 먹어야지. (현진)

선생님 생각

『난 토마토 절대 안 먹어』라는 책을 보면서 우리반 친구들은 집이서나 학교에서 밥이나 급식을 먹을 때 남기지 않고 골고루 먹고 싶다는 의견을 보였다. 언급하지 않아도 편식하지 않아야 한다고 스스로가 도출해내는 것을 보고 기특했다. 다만 단순히 이 책을 편식하지 않는 책이라고 단정 짓는 듯한 방향성은 아쉬웠다. 말하지 않아도 일률적인 방향으로 생각의 결과를 도출해내는 것에, 더욱 다양한 생각을 뻗어나갈 수 있도록, 어른의 생각을 강요하지 않고 제한하지 말아야겠다고 다짐해본다.

대구미래역량교육

자기 관리

2학년 수업

나를 사랑하려면?

대구미래역량교육 이야기

자기 관리 역량은 자아정체성과 자신감을 가지고 새로운 환경에 적극적으로 도전하며, 삶과 진로에 필요한 신체적·정신적 강인함과 회복탄력성을 갖추어 자기 주도적으로 살아갈 수 있는 역량을 말합니다.

1 책 이야기

도서명 줄무늬가 생겼어요

도서정보
- 글, 그림 : 데이빗 섀논
- 비룡소
- 2006

관련 역량

창의융합적 사고	자기 관리	공감 소통	공동체
	○		

내 용

『줄무늬가 생겼어요』는 자기 마음에 대한 존중과 표현이 서투른 아이의 속마음을 재미나게 표현한 책입니다. 다른 사람의 시선을 의식하기보다 자신을 있는 그대로 사랑하고 솔직하게 표현하는 것이 얼마나 중요한지 알려주는 이야기입니다.

친구들과 달라지는 것을 두려워하는 여자아이 카밀라는 언제나 주변의 시선을 의식합니다. 좋아하는 아욱콩도 그런 걸 먹느냐 놀림 받을까 먹지 않고, 새 학기가 시작되자 어떤 예쁜 옷을 입어야 하나 고민하기 바쁩니다. 그런데 카밀라는 온몸에 줄무늬가 생기는 '줄무늬 병'이 걸려, 학교에도 가지 못하고 집에 틀어박히게 됩니다. 병을 고치기 위해 온갖 일을 겪으며 마침내 카밀라는 있는 그대로의 자기 모습을 받아들이고 드러낼 수 있는 용기를 얻게 됩니다.

핵심 질문

☞ 카밀라는 왜 줄무늬 병에 걸렸을까요?
☞ 다른 사람의 시선 때문에 내 마음을 숨긴 적이 있나요?
☞ 나는 무엇을 좋아하나요?

2 그림책 살펴보기

이 책은 아욱콩을 좋아한다고 말하지 못하는 카밀라의 이야기이다. 모든 사람들이 좋아하는 일만 하고 살수는 없다. 인간관계를 위해서 때로는 하기 싫은 일도 해야 하고 좋아하지 않아도 좋아하는 척 해야 할 때가 있다. 늘 주변의 시선을 신경 쓰던 카밀라가 진짜 자기를 찾아 표현하는 과정을 그려낸 그림책이다.

카밀라는 친구들이 모두 아욱콩을 싫어하기 때문에 스스로에게 체면을 걸듯 아욱콩이 싫다고 말하며 아욱콩을 먹지 않았다. 그런 카밀라에게 온몸에 줄무늬가 생기는 줄무늬 병이 생기고 말았다. 아무리 용한 의사들도, 과학자들도, 점쟁이들도 카밀라의 병을 고치지 못하고 카밀라의 증상은 더욱 심해져만 갔다. 자신을 좋아했던 친구들도 이젠 카밀라를 좋아하지 않게 되었다. 그런데 그런 카밀라에게 평범해 보이는 한 할머니가 찾아와 병을 고쳐보겠다고 했다. 할머니는 커다란 가방에서 아욱콩을 한 줌 꺼내 카밀라에게 먹어 보라고 한다. 그때 카밀라는 깨닫게 된다. 다른 사람의 시선으로 뒤죽박죽된 지금의 모습보다 아욱콩을 먹는다고 놀림 받는 것이 더하지는 않을 것 이라고 말이다. 결국 카밀라는 자신이 좋아하는 아욱콩 한 움큼을 아주 맛있게 먹는다.

『줄무늬가 생겼어요』는 다른 사람의 시선으로 만들어진 나보다 어떤 모습이건 상관없이 나 자신을 사랑하고 표현하는 것이 가장 아름답다고 말한다. 교실 속에서도 나를 어떻게 생각할까? 눈치를 보거나 전전긍긍하는 모습이 보인다. 그런 아이들에게 카밀라를 변하게 할 수 있었던 자기 사랑을 알려주고 싶다.

3 수업으로 들어가기

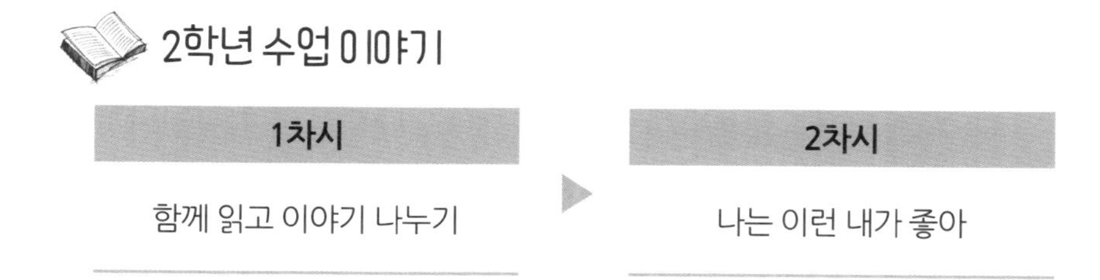

수업흐름

단 계	수 업 내 용
그림책 쳐다보기 (동기 유발)	◎『줄무늬가 생겼어요』 표지 보고 생각 나누기 ▶ 표지부터 보여주면서 아이들과 살펴본다. - (뒷표지 보여주며) 무지개 색을 좋아하나요? - 왜 아이의 몸에 줄무늬가 생겼을까? - 아이는 무엇을 하고 있을까? - 내가 이렇게 변했다면 어떻게 했을까?
그림책과 만나기	◎ 그림책 함께 읽기 이 책은 대담한 원색의 유화풍 일러스트를 통해 색감이 돋보이는 책이다. 가까이에서 색감을 느낄 수 있게 보여준다. ▶ 앞 면지 보여주고 속표지부터 읽어주기 (아이들과 함께 책을 읽는다.) 아무것도 맘에 들지 않았지. (멈춤) - 나는 콩을 좋아하나? 개학하는 날의 나와 뭐가 다른가? - 이 친구의 표정은? 채널이 바뀌듯 휙휙 바뀌었어. 까지 읽어준다. - 왜 자꾸 무늬가 바뀌었을까? 카밀라가 만난 주변 사람들을 끊으며 책 읽어주기 - 카밀라는 왜 낫지 않고 더 심해졌을까? “사실 아욱콩이 정말 좋아요.” 까지 읽어주기 - 아욱콩이 좋다고 말한 이유는 무엇일까? “다 나았어요!” 카밀라가 소리쳤어. 까지 읽어주기 - 아이들 반응을 살펴본다. 사람들 사이로 총총 사라졌지. 까지 읽어주기 - 진짜 카밀라는 어디에 있다가 왔을까? - 어떻게 낫게 되었을까? ▶ 끝까지 읽어주기
그림책과 놀기	◎ 공감 소통 역량 **나는 이런 내가 좋아** 활동하기 - 줄무늬 병에 걸린 나를 그려봅니다. - 줄무늬 병에서 낫기 위해 내가 좋아하는 것을 그려봅니다. - “나는 이런 내가 좋아”로 책을 만들어 함께 봅시다.

단 계	수 업 내 용
갈무리 하기	◎ 배운 내용 정리하기 - 책을 읽으면서 내가 경험한 점, 알게 된 점, 느낀 점, 실천해 보고 싶은 점을 기록해 봅시다.

관련 교육 과정

자기 관리 역량	☞ 국어 2. 인상 깊었던 일을 써요. 쓰기[2국03-04] 인상 깊었던 일이나 겪은 일에 대한 생각이나 느낌을 쓴다. 듣기·말하기[2국01-03] 자신의 감정을 표현하며 대화를 나눈다.

평가는 이렇게

교육과정 성취기준	평가내용	평가기준		평가방법
쓰기 [2국03-04] 인상 깊었던 일이나 겪은 일에 대한 생각이나 느낌을 쓴다. 듣기·말하기 [2국01-03] 자신의 감정을 표현하며 대화를 나눈다.	내가 좋아하는 일을 글감으로 인상 깊었던 일을 쓸 수 있는가?	상	내가 좋아하는 일을 글감으로 떠올려 생각이나 느낌이 잘 드러나게 인상 깊었던 일을 표현할 수 있다.	서술 구술
		중	내가 좋아하는 일을 글감으로 떠올려 인상 깊었던 일을 표현할 수 있다.	
		하	내가 좋아하는 일을 글감으로 떠올리는 데 도움이 필요하며 인상 깊었던 일을 표현하는데 다소 어려움이 있다.	

줄무늬가 생겼어요 - 자기 관리 역량	학년 반
내가 줄무늬 병에 걸렸다면?	이름 :

◈ 내가 다른 사람의 시선만을 신경 썼을 때를 떠올려봅시다.

1	
2	
3	
4	
5	

<줄무늬 병에 걸린 내 모습>

줄무늬가 생겼어요 - 자기 관리 역량	학년 반
나는 이런 내가 좋아	이름 :

◈ 줄무늬 병에서 나을 수 있게 내가 좋아하는 것을 써 봅시다.

1	
2	
3	
4	
5	

<내가 좋아하는 나 그리기>

4 이렇게 해 봤어요

표지 살펴보기

- 오늘 함께 읽을 책은 『줄무늬가 생겼어요』예요.
  - 뒷표지 무지개 색이 예뻐요.
  - 아이 얼굴이 알록달록해요.
- 아이는 왜 줄무늬가 되었을까요?
  - 열이 많이 났나봐요. 체온을 재어보고 있어요.
  - 다른 사람도 줄무늬가 아니면 부끄러울 것 같아요.
- 내가 이렇게 변했다면 어떻게 했을까?
  - 밖에 안 나갈 것 같아요.
  - 울 것 같아요.
  - 할로윈 같아요. 멋있어요.
- 주인공은 어떻게 했을지 우리 함께 읽어 볼까요?

그림책 함께 읽기

(아이들과 함께 책을 읽는다.) 아무것도 맘에 들지 않았지. (멈춤)

- 콩 좋아하는 사람 있나요? 친구들이 싫어하는 음식을 좋아하나요?
  - 저는 순대가 맛있어요.
- 개학날 나와 카밀라는 비슷한가요?
  - 새 친구들에게 예쁘게 보이고 싶어요.
  - 미용실 갔다 온 다음날 신경 쓰여요.

채널이 바뀌듯 휙휙 바뀌었어. 까지 읽어주기

- 왜 자꾸 무늬가 바뀌었을까요?
  - 다른 사람들이 바라는 것이 너무 많아요.

카밀라가 만난 주변 사람들을 끊으며 책 읽어주기

• 의사, 과학자, 심리학자, 약초학자, 환경치료사
  – 카밀라가 알약, 바이러스, 식물, 꼬리, 방이 되었어요.
  – 다른 사람들 말만 듣고 뒤죽박죽이 되었어요.

“사실 아욱콩이 정말 좋아요.” 까지 읽어주기

• 아욱콩이 좋다고 말한 이유는 무엇일까?
  – 사람들 말만 듣고 뒤죽박죽이 되어서 콩 먹는 것은 괜찮다.

“다 나았어요!” 카밀라가 소리쳤어. 까지 읽어주기

  – 아이들 반응을 살펴본다.

사람들 사이로 총총 사라졌지. 까지 읽어주기

  – 진짜 카밀라는 어디에 있다가 왔을까?
• 다른 사람들 말한 카밀라 속에 있었다.
  – 어떻게 낫게 되었을까?
  – 다른 사람들 말들이 아니라 자기가 좋아하는 것을 먹었다.

내가 줄무늬 병에 걸린다면? 표현하기

▶ 다른 사람의 시선을 신경 썼던 나를 써보고 내가 줄무늬 병에 걸렸다면 어떻게 변했을지 그려봅시다.

– 내가 연어가 되었을 것이다.
– 내가 수학책이 되었을 것이다.

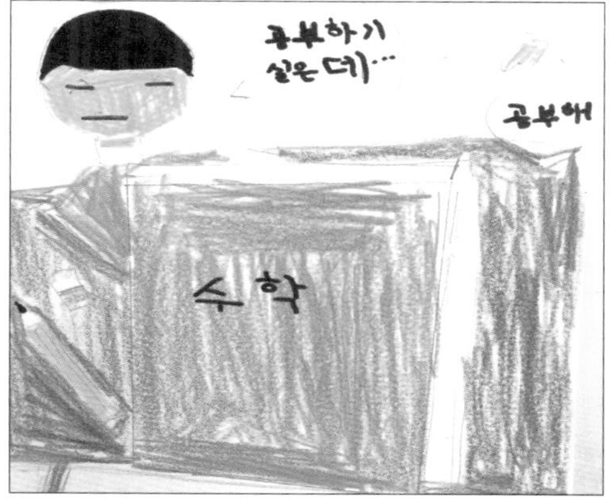

 내가 좋아하는 나 표현하기

▶ 줄무늬 병에서 낫기 위해 내가 진짜 좋아하는 것들을 써보고 그려봅시다.

 '나는 이런 내가 좋아' 미니책 만들기

▶내가 좋아하는 일에 대해 책으로 만들어 친구들에게 소개하고 그 이유 전시하기

– 자신의 생각을 문장으로 표현했는지 평가함.

5 활동 소감

아이들 생각

내가 좋아하는 나는?

– 여자애들 모래놀이 할 때 남자아이들과 달리기하는 나도 좋다. (민규)
– 해외여행에서 잘 못해도 영어 해보는 내가 좋다. (소윤)
– 엄마가 구박해도 냉장고 옆에 누워있는 내가 좋다. (정원)
– 노래방에서 내가 부르고 싶은 노래 마음껏 부르는 내가 좋다. (연수)
– 엄마, 아빠가 좋아하는 내가 아니라 그냥 나다. (민수)
– 내가 좋아하는 것이 있지만 양보하는 나도 좋다. (정인)
– 다른 사람과 달라도 나는 좋다. (이안)

선생님 생각

『줄무늬가 되었어요』라는 책을 보면서 나의 주인은 나이기 때문에 선택은 스스로 하면 된다고 했다. '누구 때문에 누가 시켜서 누가 말해서' 할 필요는 없다. 진짜 내가 좋아하는 것을 떠올려 선택하고 거절하고 부탁하고 사과하면 나는 나의 주인이 될 수 있다.

모두가 다른 아이들이 모여 스스로를 사랑하고 서로 다르게 자신을 사랑한다는 점을 존중한다면 눈치보지 않아도 진정한 하나가 될 수 있을 것이다.

대구미래역량교육

자기 관리

4학년 수업

진정한 행복이란?

대구미래역량교육 이야기

자기 관리 역량은 자아정체성과 자신감을 가지고 새로운 환경에 적극적으로 도전하며, 삶과 진로에 필요한 신체적·정신적 강인함과 회복탄력성을 갖추어 자기 주도적으로 살아갈 수 있는 역량을 말합니다.

1 책 이야기

도서명 슈퍼 거북

도서정보
- 글, 그림 : 유설화
- 책읽는곰
- 2014

관련 역량

창의융합적 사고	자기 관리	공감 소통	공동체
	○		

내 용

『슈퍼 거북』은《토끼와 거북이》그 뒷이야기를 상상해 그려낸 책입니다. 거북이 꾸물이는 경주에서 토끼를 이긴 뒤, '슈퍼 거북'이라는 별명을 얻게 됩니다. 이웃들이 제 본모습을 알고 실망할까봐 걱정이 된 꾸물이는 이웃들의 기대를 저버리지 않으려고 진짜 슈퍼 거북이 되기로 마음먹습니다. 그 결과, 꾸물이는 누구보다도 빠른 거북으로 거듭나지만, 꾸물이는 하나도 행복하지가 않았습니다. 그런 꾸물에에게 토끼가 다시 도전장을 내밉니다. 드디어 경주 날, 몇 날 며칠 잠을 설친 꾸물이는 지친 몸을 이끌고 경기장에 나가게 됩니다.

핵심 질문

☞ 경주에서 토끼를 이긴 꾸물이는 정말 행복했을까?
☞ 경주에서 토끼에게 졌을 때 꾸물이의 마음은 어땠을까?
☞ 꾸물이가 진정으로 행복하게 사는 방법은?
☞ 나답게 산다는 것은 무엇일까?

2 그림책 살펴보기

이 책에서 거북이 꾸물이는 경주에서 토끼를 이긴 뒤, '슈퍼 거북'이라는 별명을 얻게 된다. 곧이어 온 도시에 슈퍼 거북 열풍이 불기 시작한다. 너 나 할 것 없이 거북이 등딱지를 지고 다니고, 거북을 주인공으로 한 영화가 개봉되고, 가게마다 '거북'이 들어간 간판이 내걸리고, 심지어는 슈퍼 거북 동상까지 세워진다.

그런데 거북이 꾸물이는 이 상황이 마냥 좋지만은 않다. 꾸물이는 느릿느릿한 자신의 본모습을 이웃들이 알고 실망할까 걱정이 된다. 그리고 이웃들의 기대를 저버리지 않으려고 진짜 슈퍼 거북이 되기로 마음먹는다. 착실한 거북이인 꾸물이는 가장 먼저 도서관으로 달려가 빨라지는 방법을 다룬 책을 모조리 찾아 읽고, 책에 나온 내용을 실천에 옮긴다. 비가 오나 눈이 오나 바람이 부나 하루도 빠짐없이, 해가 뜰 때부터 달이 질 때까지…….

그 결과, 꾸물이는 누구보다도 빠른 거북으로 거듭난다. 꾸물이가 쌩하고 지나가면 다들 "방금 뭐가 지나간 거야?" 할 정도로 슈퍼 거북이라는 이름에 걸맞은 실력을 갖추게 된 것이다.

그런 꾸물이는 과연 행복했을까? 책 속에서 꾸물이는 하나도 행복하지가 않다. 딱 하루만이라도 느긋하게 자고 느긋하게 먹고 싶어 한다. 별도 쬐고 책도 보고 꽃도 가꾸고 싶어 하고, 무엇보다도 예전처럼 천천히 걷고 싶다고 말한다.

그런 꾸물이에게 토끼가 다시 도전장을 내민다. 경주 걱정에 잠을 이룰 수 없었던 꾸물이는 지친 몸을 이끌고 경기장에 나가게 된다. 잠을 설쳐 피곤했던 꾸물이는 경기 도중에 잠이 들고 토끼가 승리하게 된다. 그리고 경기에서 진 꾸물이는 마침내 단잠을 잘 수 있었다.

『슈퍼 거북』에서 꾸물이는 이웃을 실망시키지 않기 위해서 더 빨라지고 싶어 한다. 우리 교실 속에서도 끊임없이 남의 시선을 의식하고 그 기대에 부응하기 위해 애쓰며 살아가는 친구들이 있다. 그런 아이들에게 다른 사람의 기준에 맞춰 살아가는 것이 과연 행복인지 생각해보도록 하고 싶었다. 그리고 나답게 살아가는 것이 무엇인지, 진짜 행복은 무엇인지 알려주고 싶다.

3 수업으로 들어가기

4학년 수업 이야기

1차시		2차시		3차시		4차시
그림책 만나기	▶	그림책으로 한 걸음 더 들어가기	▶	그림책을 내 삶으로 가져오기	▶	진정한 행복이란 무엇인가?

수업흐름

차 시	수 업 내 용
1차시 (그림책과 만나기)	◎ 그림책 읽고 주제 살펴보기 ▶ 책 표지 보고 이야기 나누기 - 책 제목을 보니 어떤 일들이 일어날 거 같나요? - 거북이 이마에 있는 머리띠에는 뭐라고 적혀 있나요? - 책 표지를 보고 알 수 있는 점은 무엇인가요? ▶ 내용을 예측하여 생각그물로 정리하기 - 책의 제목, 표지 등을 통하여 내용을 예측하여 생각 그물로 정리해 봅시다. (친구들의 생각 그물과 비교해 보고 같은 점과 다른 점 찾아보기) ▶ 그림책 읽어주기 ▶ 질문 주고받으며 이야기의 내용 파악하기 (퀴즈퀴즈트레이드 놀이 적용하기) ▶ 이야기의 주제 생각하기 - 이야기를 읽고 이야기의 주제에 대해 생각해 봅시다. - 이야기의 주제에 대해 친구들과 이야기해 봅시다.
2차시 (그림책으로 한 걸음 더 들어가기)	◎ 그림책 읽고 주제 살펴보기 ▶ 인상 깊은 장면 표현하기_타블로(Tableau) **타블로(Tableau) - 정지 동작, 스탈이미지, 조각상 만들기** - 타블로는 개인 또는 모둠에게 어떤 주제를 제시하고, 그 주제에 맞게 하나 또는 두세 개의 정지 장면을 신체로 표현한 것입니다. 정지한 상태에서 한 명이 '터치'했을 때 자신이 처한 상황에 맞는 대사를 할 수 있습니다.

차 시	수 업 내 용
2차시 (그림책으로 한 걸음 더 들어가기)	▶ 이야기 속 등장인물(토끼, 거북이)에게 질문할 내용 적어보기 ▶ 핫시팅(Hot seating)으로 인물의 마음 알아보기 핫시팅(Hot seating) - 핫시팅은 뜨거운 의자라고도 불립니다. 이야기 속 또는 역사 속 인물의 역할을 한 아이가 맡아 의자에 앉습니다. 나머지 아이들은 그 아이에게 질문을 하거나 인터뷰를 합니다. 이야기를 읽고 인물의 생각이나 인물이 한 행동에 대한 의도, 목적, 이유 등을 파악할 때 활용할 수 있습니다.
3차시 (그림책을 내 삶으로 가져오기)	◎ 그림책을 내 삶으로 가져오기 ▶ 이야기 속 등장인물과 나를 비교하기 - 등장인물과 나의 비슷한 점은 무엇인가요? - 등장인물과 나의 다른 점은 무엇인가요? - 그렇게 생각한 이유는 무엇인가요? ▶비슷한 경험 떠올려보기 - 책을 읽으면서 등장인물과 비슷한 경험을 하거나 비슷한 생각을 한 적이 있다면 떠올려 봅시다. - 친구들의 생각과 내 생각을 비교해 봅시다.
4차시	◎ 자기 관리 역량 **진정한 행복이란 무엇일까? 활동하기** - 자신의 행복을 찾았던 꾸물이처럼 나는 무엇을 했을 때 행복한지 10가지를 적어 봅시다. - 진정한 행복이란 무엇이라고 생각하는지 생각을 나눠 봅시다.

관련 교육 과정

자기 관리 역량	☞ 국어 4-2-가. 4 이야기 속 세상 [4국05-02] 인물, 사건, 배경에 주목하며 작품을 이해한다. [4국05-04] 작품을 듣거나 읽거나 보고 떠오른 느낌과 생각을 다양하게 표현한다.

평가는 이렇게

<table>
<tr><th>교육 과정 성취 기준</th><th>평가 내용</th><th colspan="2">평가 기준</th><th>평가 방법</th></tr>
<tr><td rowspan="3">[4국05-02]
인물, 사건, 배경에 주목하며 작품을 이해한다.

[4국05-04]
작품을 듣거나 읽거나 보고 떠오른 느낌과 생각을 다양하게 표현한다.</td><td rowspan="3">『슈퍼 거북』 이야기의 내용을 이해하고 내가 생각하는 진정한 행복에 대해 표현할 수 있는가?</td><td>상</td><td>슈퍼 거북 이야기의 내용을 정확히 이해하고 내가 생각하는 진정한 행복에 대해 다양하게 표현한다.</td><td rowspan="3">서술
구술</td></tr>
<tr><td>중</td><td>슈퍼 거북 이야기의 내용을 이해하고 내가 생각하는 진정한 행복에 대해 표현한다.</td></tr>
<tr><td>하</td><td>슈퍼 거북 이야기의 내용을 이해하는 데 도움이 필요하며, 내가 생각하는 진정한 행복에 대해 표현하는 데 다소 어려움이 있다.</td></tr>
</table>

슈퍼 거북 - 자기 관리 역량	학년 반
그림책과 만나기	이름 :

■ 책의 제목, 표지 등을 통하여 내용을 예측하여 생각 그물로 정리해 봅시다.

■ 이야기 주제에 대해 친구들과 이야기해 봅시다.

– 내가 생각하는 주제

– 친구가 생각하는 주제

친구 이름	친구가 생각한 주제

슈퍼 거북 - 자기 관리 역량	학년 반
그림책으로 한 걸음 더 들어가기	이름 :

– 친구들과 함께 표현하고 싶은 인상 깊은 장면을 생각해 봅시다.

■ <핫시팅>을 해 봅시다.

– 이야기 속 등장인물에게 질문할 내용을 적어 봅시다.

질문	답
①	
②	
③	
④	

슈퍼 거북 - 자기 관리 역량	학년 반
나와 등장인물 비교하기	이름 :

★ 이야기 속에 들어가서 살아 봅시다. ★

- 책 속에 등장인물이 누가 있나요? 등장인물과 나는 어떤 점이 닮았고, 어떤 점이 다른가요? 등장인물의 행동을 잘 생각해보면 나와 닮은 점 다른 점을 발견할 수 있답니다. 그것을 간단하게 적어보고 그 이유를 친구들과 이야기 해 봅시다.

◈ 저는 주인공과

이 닮았어요.

◈ 저는 주인공과

이 달라요.

◈ 저는 다른 등장인물인 ( )와

이 닮았어요.

그리고 ( )와는

이 달라요.

◈ 책을 읽으면서 비슷한 경험, 비슷한 생각을 한 적이 있다면 적어 봅시다.

슈퍼 거북 - 자기 관리 역량	학년 반
진정한 행복 생각해보기	이름 :

◈ 나는 어떨 때 행복한지 적어 봅시다.

1	
2	
3	
4	
5	
6	
7	
8	
9	
10	

◈ 진정한 행복이란 ______________________

◈ 나답게 산다는 것은 ______________________

4 이렇게 해 봤어요

그림책과 만나기

(내용 예측하기)

- 책의 제목과 표지를 통해서 내용을 예측해 볼까요?
  - 슈퍼 거북이라는 제목에서 거북이가 슈퍼맨처럼 셀 거 같아요.
  - 빠르게 살자고 다짐하고 있는 표정이 비장해 보여요.
  - 토끼와의 경주에서 이긴 거북이에게 토끼가 다시 도전할 거 같아요. 그런데 거북이는 슈퍼 거북이 되어서 또 이긴다는 내용일 거 같아요.
  - 빠르게 살자는 말이 적힌 띠를 두르고 있는 게 진지해 보여요.

(그림책 읽어보기)

- 어떤 내용일지 우리 함께 읽어 볼까요?

(질문 주고받으며 내용 파악하기)

- 책 내용과 관련한 질문을 만들어 친구와 주고받아 봅시다.

(주제 찾기)

- 이 글의 주제는 무엇일 거 같은지 친구들과 이야기를 나눠 봅시다.
  - 다른 사람들이 좋아하고 원하는 것을 해 주는 것보다 자신이 좋아하는 것을 찾고 하는 것이 더 중요하다. (지수)
  - 무리하지 말고 편하게 살자. (세빈)
  - 진짜 행복한 게 무엇인지 알고 그렇게 살자. (예은)
  - 원래의 내 모습이 가장 편하고 좋다. (도현)
  - 빠르지 않아도 되니 자신이 좋은 걸 하고 살자. (채영)

그림책으로 한 걸음 더 들어가기

(인상 깊은 장면 정지 동작으로 표현하기)

- 모둠 친구들과 인상 깊은 장면을 정지 동작으로 표현하고 발표해 봅시다.

- 꾸물이가 슈퍼 거북이 되기 위해 훈련하고 있는 모습입니다.
- 지친 꾸물이가 경주 중간에 쉬다가 잠이 드는 모습입니다.
- 저희는 토끼와 꾸물이가 다시 경주하는 모습입니다.

(인물의 마음 알아보기)

- 이야기 속 주인공 꾸물이의 마음을 물어보는 질문을 주고받아 봅시다.
  - 경주에서 이겼을 때 어떤 기분이 들었나요?
    : 사람들이 칭찬해주고 슈퍼 거북이라고 하니까 기분이 좋았어요.
  - 계속 기분이 좋았나요?
    : 아니 시간이 지나니까 부담스러웠어요. 부끄러웠어요.
  - 왜 그런 기분이 들었나요?
    : 왜냐하면 나는 원래 느린데 사람들이 빠르다고 생각하니까요.
  - 토끼가 다시 경주하자고 왔을 때 어떤 마음이었나요?
    : 다시 경주하기 싫다. 도망가고 싶다. 그냥 빨리 끝내고 싶다. 지면 사람들이 뭐라고 할까 이런 마음이 들었어요.

그림책을 내 삶으로 가져오기

(이야기 속 등장인물과 나를 비교하기)

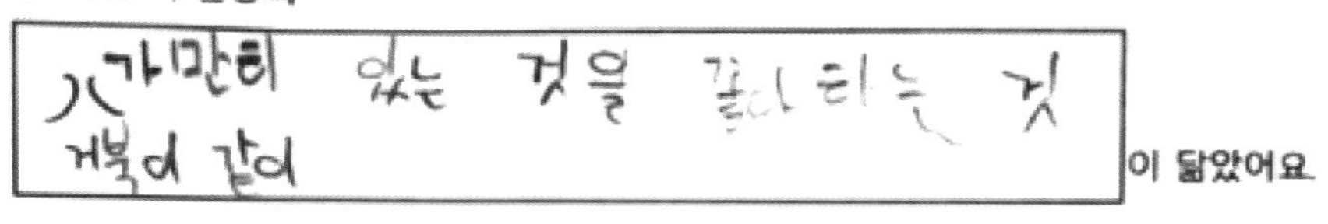

◆ 저는 주인공과

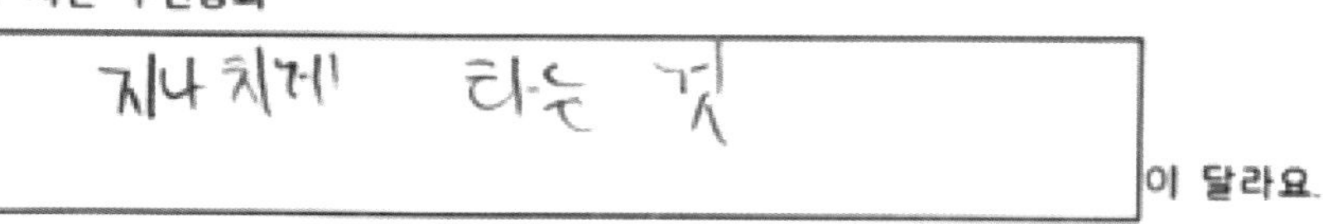

◆ 저는 주인공과

포기 하지 않는 것 이 닮았어요.

◆ 저는 주인공과

꼭 이기 겠다는 마음 이 달라요.

(경험 나누기)

- 이야기를 읽으면서 주인공과 비슷한 경험을 하거나 비슷한 걸 생각하거나 느꼈다면 발표해 봅시다.
  - 나는 꾸물이처럼 공부를 잘하는 친구보다 더 잘하려고 열심히 노력했었다. 그런데 전혀 기쁘거나 행복하지 않았다.
  - 어쩌다 계주선수에 뽑혀서 긴장하고 떨렸는데, 운동회가 끝나자 마음이 편했던 게 비슷한 거 같다.
  - 하기 싫었는데 친구들이 다 한다고 해서 했던 일이 생각났다. 그 때 나도 이 일이 얼른 끝나기를 바랐던 거 같다. 꾸물이도 아마 경주가 빨리 끝났으면 좋겠다고 생각했을 거 같다.

진정한 행복이란 무엇일까? 표현하기

(나는 언제 행복한가?)

- 나는 어떨 때 행복한지 10가지를 적어 봅시다.

(행복한 순간 표현하기)

- 내가 가장 행복한 순간을 표현해 봅시다.

5 활동 소감

아이들 생각

진정한 행복이란?

- 가족과 좋은 경험을 하는 것이다. (민서)
- 내가 좋아하는 것을 하는 것이다. (도현)
- 좋아하는 걸 하고 다 같이 노는 것이다. (은경)
- 내가 행복한 것을 하는 것이다. (하민)
- 내가 하고 싶은 걸 하면서 즐겁게 지내는 것이다. (민호)
- 남이 시키는 게 아니라 내가 하고 싶은 것을 꾸밈없이 하는 것이다. (소정)
- 내가 원하고 하고 싶은 것을 하는 것이다. (록은)
- 나답게 살아가는 것이다. (경택)
- 내가 좋아하는 것을 하는 것이다. (승준)
- 혼자 여유롭게 있는 것이다. (지수)
- 내가 하고 싶은 것을 여유롭게 하는 것이다. (세빈)
- 자신이 원하는 것을 하고 기쁜 감정과 비슷한 것이다. (민주)
- 자신이 하고 싶은 걸 하는 것이다. (채영)
- 자기가 하고 싶은 것을 원하는 만큼 하는 것이다. (영준)
- 하고 싶은 걸 하는 것이다. (서윤)
- 가족과 함께 하는 것이다. (예은)
- 내가 즐거운 것이다. (의환)
- 내가 좋아하는 것을 할 때 행복하다. (수민)
- 나의 기쁨이다. (봉기)
- 내 마음대로 하는 것이다. (시현)
- 내가 하고 싶은 것이다. (수진)
- 내가 태어난 것이다. (시후)
- 내가 하고 싶은 일을 하는 것이다. (정우)

– 처음엔 언제 행복한지 10가지를 적으라고 하는게 힘들 거 같았는데, 하나씩 적어 보니까 내가 행복할 때가 많다는 것을 알 수 있었어요. 진정한 행복이란 매일매일 살아가는 것인 거 같다. (수진)

선생님 생각

『슈퍼 거북』이라는 책을 읽으면서 진정한 행복이란 다른 사람의 기준에 맞춰서 살아가는 것이 아니라 나 자신이 원하는 것이 무엇인지 알고 나답게 살아가는 것이라고 말했다. 내가 무엇을 좋아하고 무엇을 할 때 행복해하는지 알아야만 진정으로 행복하게 살아갈 수 있다.

이 그림책을 읽고 내가 생각하는 행복에 대해 이야기 나누면서 우리 모두가 행복했다. 이야기 속 주인공이 꾸물이가 자기만의 행복을 찾고 그 행복을 누렸던 것처럼 우리 반 아이들 또한 나답게 살아가고 자신만의 행복을 추구하는 사람들이 되었으면 좋겠다.

대구미래역량교육

자기 관리, 공동체

5학년 수업

친구를 사귀려면?

대구미래역량교육 이야기

자기 관리 역량은 자아정체성과 자신감을 가지고 새로운 환경에 적극적으로 도전하며, 삶과 진로에 필요한 신체적·정신적 강인함과 회복탄력성을 갖추어 자기 주도적으로 살아갈 수 있는 역량을 말합니다.

공동체 역량은 지역, 국가, 세계 공동체 구성원에게 요구되는 가치와 태도를 가지고 남을 배려하고 함께 행복한 삶을 실천적으로 행동할 수 있는 역량을 말합니다.

1 책 이야기

도서명 ONE (일)

도서정보
- 글, 그림 : 캐드린 오토시
- 북뱅크
- 2017

관련 역량

창의융합적 사고	자기 관리	공감 소통	공동체
	○		○

내 용

파랑은 혼자 스스로도 잘 놀지만 다른 빨강, 노랑, 초록 색깔 친구들을 보며 자신보다 좋은 점이 많은 것 같아 부러웠습니다. 그 중에서도 빨강은 늘 파랑에게 파랑색은 멋지지 않다고 말하며 파랑을 괴롭혔습니다. 하지만 다른 색깔 친구들 누구도 빨강에게 파랑을 괴롭히지 말라고 말하지 않았습니다. 그러던 어느날, 1이 나타났습니다.

핵심 질문

☞ 제목이 왜 일(ONE) 일까?
☞ 파랑이의 마음은 어떠하였을까?
☞ 파랑이에게 어떤 말을 해주면 좋을까?
☞ 파랑이와 색깔 친구들의 고민을 해결하려면 어떻게 해야 할까?
☞ 만약 나라면 이 상황에서 어떻게 해야 할까?

2 그림책 살펴보기

이 책은 빨강과 같은 친구나 사람들로 인해 상처받은 수많은 파랑들이 어떻게 주변의 도움으로 스스로 회복할 수 있는지에 관한 책이다. 파랑은 자신과 다른 색깔을 바라보며 그들을 동경하고 부러워한다. '나는 왜 이런 파랑일까?' 속상한 마음이 들 때, 자만심 가득한 빨강이 던진 "나는 멋지지만, 넌 멋지지 않아."라는 말은 큰 상처가 되어 돌아온다. 아무도 빨강을 멈출 수 없는 상황에서 1은 처음으로 빨강에게 몸을 곧추세우며 단호하게 하지 말라고 이야기를 한다. 1의 용기를 본 많은 색깔들은 모두 1과 함께 빨강을 말리게 되고 그 모습을 본 파랑도 힘을 내어 빨강에게 나도 멋진 색이라고 말할 수 있게 된다.

3 수업으로 들어가기

5학년 수업 이야기

1차시		2차시
함께 읽고 편지 쓰기	▶	고민 해결책 역할극

수업흐름

단 계	수 업 내 용
그림책 쳐다보기 (동기 유발)	◎ 'ONE(일)' 표지 보고 생각 나누기 ▶ 표지부터 보여주면서 아이들과 살펴본다. - 'ONE(일)'의 표지를 보고 어떤 생각이 들었나요? - 왜 책의 제목이 'ONE'일까요?
그림책과 만나기	◎ 멀리서 함께 읽기 - 선생님과 함께 읽으며 전체적인 내용을 파악해 봅시다. - 각각의 책에서 주인공에게 어떤 일이 일어났는지를 생각하며 꼼꼼하게 읽어 봅시다.

<table>
<tr><th>단 계</th><th colspan="2">수 업 내 용</th></tr>
<tr><td rowspan="2"></td><td>자기 관리 역량
파랑이에게 하고 싶은 말을 담아 편지를 써요!</td><td>공동체 역량
파랑이와 색깔 친구들의 고민을 해결해줘요!</td></tr>
<tr><td>◎ 인물의 마음을 이해하며 그림책 함께 읽기
- 파랑이는 다른 친구들의 어떤 점을 부러워 하였나요?
- 빨강이 파랑에게 “파랑은 멋지지 않아!”라고 말했을 때 파랑이의 마음은 어땟을까요?
- 만약 여러분이 파랑이라면 빨강에게 어떤 말을 해주고 싶을까요?
- 만약 여러분이 파랑이라면 친구들이 어떻게 해주길 바랄까요?
- 마지막에 파랑이 빨강에게 “빨강도 멋지지만 파랑도 멋져.” 라고 말한 이유는 무엇일까요?</td><td>◎ 이야기의 흐름을 파악하며 그림책 함께 읽기
- 빨강이 파랑을 괴롭힐 때, 다른 색깔 친구들이 가만히 있었던 이유는 무엇일까요?
- 빨강이 파랑을 괴롭힐 때 1은 어떻게 행동했나요?
- 1이 당당하게 빨강에게 싫다고 말했을 때, 빨강은 어떤 마음이였을까요? 다른 색깔 친구들을 어떤 마음이 들었을까요?
◎ 역할극으로 표현하기
- 빨강과 파랑, 1과 다른 색깔 친구들이 되어 역할극으로 상황을 표현해 봅시다.</td></tr>
<tr><td>그림책과
만나기</td><td></td><td></td></tr>
<tr><td>그림책과 놀기</td><td>◎ 파랑에게 편지쓰기
- 파랑하면 떠오르는 것들을 찾아 브레인스토밍으로 말해봅시다.
- 브레인스토밍으로 찾은 것을 바탕으로 파랑의 좋은 점을 찾아 편지를 써 봅시다.
- 빨강에게 괴롭힘을 당했을 때 파랑의 마음을 생각하며 파랑에게 힘을 주는 편지를 써 봅시다.
- 파랑에게 쓴 편지를 서로 바꾸어 읽고 느낀점을 발표해 봅시다.</td><td>◎ 색깔 친구들의 고민을 해결할 수 있는 방법을 찾아보기
- 빨강이 때문에 힘들어하는 파랑이와 친구들의 고민을 해결할 수 있는 방법을 토의해 봅시다.
- 친구들이 이야기한 해결 방법 중에서 내가 실천할 수 있는 방법을 선택해서 다짐나무에 붙여 봅시다.
- 일주일간 학교에서 실천해보고 느낀 점을 나눠봅시다.</td></tr>
<tr><td>갈무리
하기</td><td colspan="2">◎ 배운 내용 정리하기
- 책을 읽으면서 내가 경험한 점, 알게 된 점, 느낀 점, 실천해 보고 싶은 점을 기록해 봅시다.</td></tr>
</table>

관련 교육 과정

자기 관리 역량	☞ 국어 5-1-1 대화와 공감 [6국01-07] 상대가 처한 상황을 이해하고 공감하며 듣는 태도를 지닌다. ☞ 국어 5-1-10 주인공이 되어 [6국05-05] 작품에 대한 이해와 감상을 바탕으로 하여 다른 사람과 적극적으로 소통한다.
공동체 역량	☞ 도덕 5-1-1 긍정적인 사람을 본받아요. [6도04-01] 긍정적 태도의 의미와 중요성을 알고, 어려움을 극복하기 위한 긍정적 삶의 태도를 습관화 한다.

평가는 이렇게

교육 과정 성취 기준	평가 내용	평가 기준		평가 방법
국어 [6국01-07] 상대가 처한 상황을 이해하고 공감하며 듣는 태도를 지닌다.	인물이 처한 상황을 이해하고 공감하는 태도를 표현할 수 있는가?	상	인물이 처한 상황을 바르게 이해하고 공감하는 태도를 지니고 있으며 그 마음을 표현하고 생활 속에서 실천한다.	서술 구술 관찰
		중	인물이 처한 상황을 바르게 이해하고 공감하는 태도를 지니고 있으며 그 마음을 표현한다.	
		하	인물이 처한 상황을 바르게 이해하는 데 어려움을 느끼고 공감하는 태도를 실천하지 못한다.	

ONE(일) - 자기 관리 역량	학년　　반
파랑에게 편지쓰기	이름 :

■ 파랑하면 떠오르는 것들을 찾아 쓰고, 이를 바탕으로 파랑의 좋은 점을 써 봅시다.

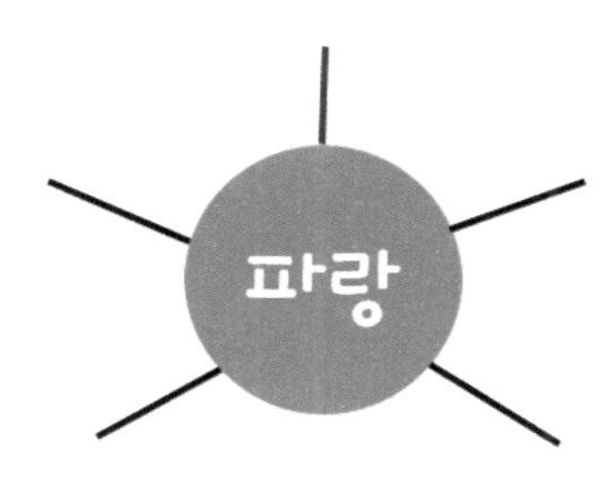

■ 빨강에게 괴롭힘을 당했을 때, 파랑의 마음은 어떠하였을까요? 파랑의 마음을 생각하며 파랑에게 힘을 주는 편지를 써 봅시다.

4 이렇게 해 봤어요

표지 살펴보기

- 오늘 함께 읽을 책은 『ONE』이에요.
- ONE은 무슨 뜻일까요?
  - 영어로 '하나, 일'이라는 뜻이에요.
  - 동그라미를 말하는 거예요.
- ONE의 표지를 보니 어떤 생각이 드나요?
  - 무슨 내용일지 궁금해요.
  - 파란색 점이 물감 번진 것 같아요.
- ONE은 무슨 내용이 펼쳐질 것 같나요?
  - 숫자에 대한 이야기일 것 같아요.
  - 파란색 동그라미에 대한 이야기일 것 같아요.
  - 도형에 대한 이야기일 것 같아요.
- 여러분이 예상한 대로 일지, 우리 함께 읽어볼까요?

그림책 함께 읽기

(아이들과 함께 책을 읽는다.) 빨강이랑 있을 때만 빼고. (멈춤)

- 파랑은 어떤 성격을 지닌 것 같나요?
  - 즐겁고 쾌활한 성격을 가지고 있는 것 같아요.
  - 나보다 남을 더 부러워하는 것 같아요.
- 그럼 빨강이는 어떨 것 같나요?
  - 파랑이랑 사이가 안 좋을 것 같아요.
  - 빨강이는 파랑이가 자기 스스로를 싫어지게 하는 가봐요.

(아이들과 함께 책을 읽는다.) 누구도 빨강에게 파랑을 그만 괴롭히라 말하지 않았다. 까지 읽어주기

- 왜 다른 색깔들은 빨강이 앞에서는 파랑의 편을 들어주지 않았을까?

– 빨강이가 무서워서요.

– 파랑이의 편을 들면 빨강이가 나도 괴롭힐 것 같아서요.

• 그럼 아무도 도와주지 않는 파랑이는 마음이 어땠을까?

– 나를 도와주지 않아서 속상했을 것 같아요.

• 여러분이 만약 색깔 친구들이라면 이 문제를 어떻게 해결할 것인가요?

(계속 읽기) 하지만 1은 화살처럼 몸을 곧추세우더니 말했어요. "싫어"

• 우리 한번 '1' 처럼 몸을 곧추세우고 "싫어."라고 말해볼까요?

– (아이들이 몸을 세우며, 단호하게 "싫어"라고 말한다.)

(계속 읽기) "빨간색은 정말 멋진 색이야. 하지만 파란색도 아주 멋져!"

• 파랑이의 몸이 왜 갑자기 6으로 변한걸까?

– 파랑이도 다른 색깔들처럼, 빨강이에게 용기있게 말할 힘을 얻었기 때문이에요.

– 파랑이에게도 용기가 생겼기 때문이에요.

• 파랑이의 말을 들은 빨강이는 어떤 생각이 들었을까요?

– 더 크게 혼내줘야겠다는 생각이 들었을 것 같아요.

– 저는 할말을 잃어버리고 파랑이한테 사과해야겠다는 생각이 들었을 것 같아요.

(계속 읽기) 그때 1이 말했어요. "빨강아, 너도 우리한테 와."

• 빨강이는 왜 점점 작아졌을까?

– 더 이상 파랑이한테 나쁘게 대하면 안될 것 같아서요.

– 힘을 잃어버려서요.

• 1의 말을 들은 빨강이는 어떻게 하였을까?

– 부끄러워서 선뜻 다가가지 못했을 것 같아요.

– 친구들에게 가서 미안하다고 사과했을 것 같아요.

(계속 읽기) 1의 용기가 이렇게 모두를 웃게 해주었습니다.

• 이 그림책을 읽고 어떤 생각이 들었나요?

–파랑이가 대단하다고 느껴졌어요.

–나도 1처럼 용기를 가지고 "안돼"라고 말할 수 있어야 한다고 생각해요.

• 여러분도 주변에 파랑이 같은 친구가 있다면 어떤 말을 해주고 싶나요?

 숫자 친구들에게 해주고 싶은 말 표현하기 (평가)

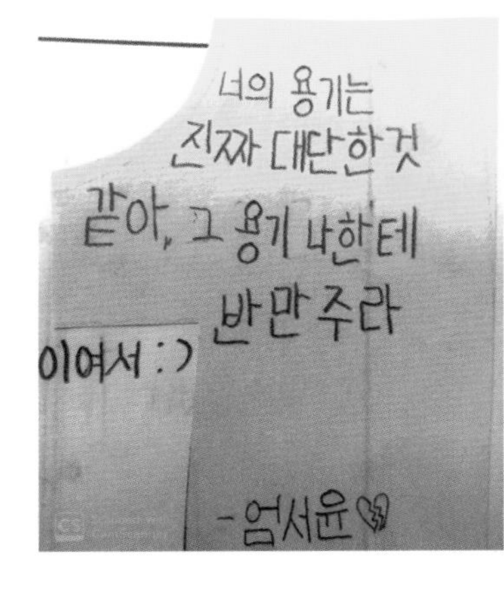

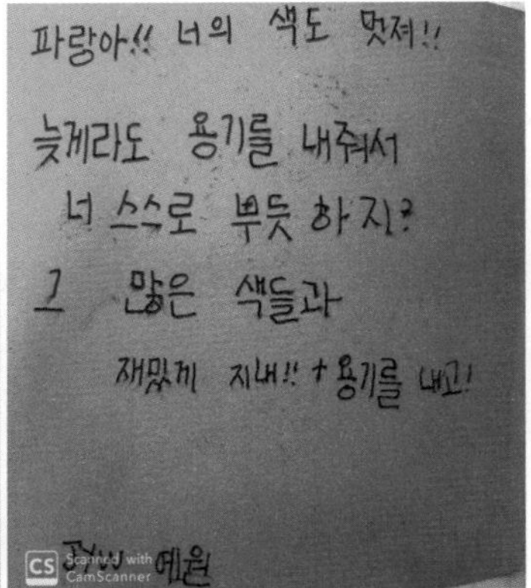

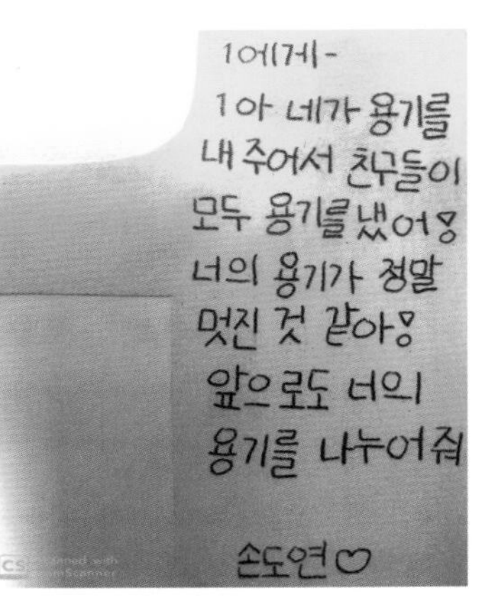

5 활동 소감

 아이들 생각

그림책을 읽고

- 일이 먼저 빨강이에게 손을 내민게 용감하다고 생각한다. 앞으로는 모두가 친하게 지내면 좋겠다. (성주)
- 나도 빨강이처럼 예전에는 친구들이랑 같이 놀자고 해도 안 놀아 주어서 화가 나고 놀리기도 했는데 선생님을 만나고 나서 그나마 착해졌다. 빨강이가 숫자가 되었을 때 착해진 것처럼. (고경)
- 안녕! 난 너의 용기에 감동했어! 그리고 친구들과 함께 빨강이로부터 구한 장면도 정말 멋졌어! 그러니 앞으로도 파이팅해! (지연)
- 1아, 너는 대단한 것 같아. 너의 용기가 아니였다면 지금도 다른 색들은 빨강이한테 시달렸을 거야. 너의 용기 덕에 많은 아이들이 웃음을 찾았어. (승민)
- 파랑아, 마지막에 니가 한 말. 빨강도 멋있지만, 파랑도 멋있어! (동진)
- 1, 너의 용기가 정말 대단해! 본받고 싶어. (주향)
- 1에게 – 네가 용기를 내 주어서 친구들이 모두 용기를 냈어! 너의 용기가 정말 멋진 것

같아! 앞으로도 너의 용기를 나누어줘. (도연)

- 파랑아, 너의 색도 멋져. 늦게라도 용기를 내줘서 너 스스로 뿌듯하지? 많은 색들과 재밌게 지내! 용기를 내고. (예원)
- 일이 먼저 빨강이에게 손을 내민게 용감하다. 앞으로는 모두가 친하게 지냈으면 좋겠다. (채미)
- 파랑아 희망과 용기를 가져! 힘내! (기웅)
- 1아, 너의 용기는 정말 대단한 거 같아. 나한테 반만 주라. (서윤)
- 1아 너가 용기를 내주어서 다른 친구들과 파랑이가 용기를 얻게 되었어. 넌 정말 멋져! (혜민)
- 파랑아, 언제나 너의 그 용기를 잊지마. (경욱)
- 빨강아, 계속 파랑이한테 화를 내지 말고 사이좋게 지내렴. (영채)
- 너(1)에게 있는 용기가 난 정말 부럽고 대단하다고 생각해. 나도 너처럼 그런 대단한 용기를 본받고 싶어. (예나)
- 빨강아, 파랑이한테 화 좀 내지말고 친절하게 말해. (권형준)
- 파랑아, 넌 하늘 같고 바다 같고 정말 예쁜 색이야. 난 네가 참 좋아. (은서)
- 파랑아, 너도 좋은 색이야. 자신감을 가져! (준혁)

선생님 생각

아이들과 처음 만났을 때의 기억을 떠올려 본다. 아이들에게 크레파스 중 가장 좋아하는 색깔을 골라보도록 하였다. 그리고 칠판에 나와 자신이 가장 좋아하는 것에 대한 그림을 그려보도록 하였다. "우리반 친구들은 다양한 색깔을 좋아하는 구나. 그런데 만약 우리가 모두 같은 색으로 그림을 그렸다면 어땠을까?" 아이들 하나하나가 모두 다르다. 그래서 종종 힘겨루기를 할 때도 있고 나와 다른 사람을 상처입히기도 한다.

나는 아이들이 각자의 빛깔을 가지고 다른 사람들과 어울리며 아름다운 자기만의 그림을 그려나가는 삶을 살기를 소망한다. 내가 하늘의 수놓는 파랑이라면 그 하늘에 빨간 태양과 함께라면 그 얼마나 아름다운 그림인가! 서로의 장점을 키워주고 단점을 보듬어 주며 사는 삶. 함께 있어 행복한 색깔 나라 친구들처럼 우리 반 아이들도 그런 삶을 살아가길 소망한다.

Chapter 3.

공감 소통 역량

대구미래역량교육

공감 소통

1학년 수업

친구를 사귀려면?

대구미래역량교육 이야기

공감 소통 역량은 인간에 대한 공감적 이해를 바탕으로 삶의 의미를 발견하고 초연결 미래사회에서 자신의 생각과 감정을 효과적으로 표현하고 다른 사람의 의견을 경청하고 존중할 수 있는 역량을 말합니다.

1 책 이야기

도서명 알사탕

도서정보
- 글, 그림 : 백희나
- 책 읽는 곰
- 2018

관련 역량

창의융합적 사고	자기 관리	공감 소통	공동체
		○	

내 용

동동이는 친구 없이 혼자서 구슬치기를 합니다. 구슬이 필요해서 문구점에 갔는데 구슬은 안 사고 알사탕을 삽니다. 무늬가 있는 구슬을 먹었더니 거실 소파에서 이상한 소리가 들리고……. 사탕을 먹을 때 마다 소파, 강아지 구슬이, 아빠, 할머니의 목소리, 낙엽의 소리를 듣게 됩니다.

마음의 소리를 듣게 되는 동동이는 소리를 따라 밖으로 나갑니다. 그리고 거기서 친구를 만나 "나랑 같이 놀래?" 하면서 마음의 문을 열고 친구랑 놀게 됩니다.

핵심 질문

☞ 제목이 왜 알사탕일까?

☞ 동동이는 왜 혼자 놀았을까?

☞ 알사탕을 먹으면 어떤 소리가 들리나요?

☞ 친구를 사귀려면 어떻게 해야 할까?

2 그림책 살펴보기

이 책은 친구들이 안 놀아줘서 혼자 논다고 하는 동동이의 이야기이다. 안 놀아줘서 혼자 논다는 자신의 생각 속에 묻혀 있던 동동이가 다른 사람과 주변으로 관심을 확대시켜 가는 과정을 나타내는 그림책이다.

혼자서 구슬치기를 하다가 문구점에 간 동동이는 문구점 할아버지의 맛있다는 말에 알사탕을 덥석 산다. 그리고는 하나씩 맛을 볼 때마다 들리는 소리를 듣고 자신의 생각과 실제 마음이 다르다는 사실을 하나씩 깨닫게 된다.

사람들은 보통 다른 사람의 마음을 알 수 없어서 스스로 자신이 생각하고 싶은 대로 판단해 버린다. 그리고 혼자서 외로워진다. 혼자서 판단하고 혼자서 결정해 버린다. 서로 생각을 나누면 생각보다 문제가 어려운 것은 아닌데 거절당하지 않을까 하는 마음 때문에 쉽사리 용기를 내지 못한다.

『알사탕』은 그런 마음들에 알사탕이라는 용기를 내어본다. 교실에서도 자기가 하고 싶은 말은 많지만 친구들에게 거절당할까 봐 자존심 상할까 봐 용기 내지 못하고 자기 마음대로 친구를 판단해 버리고 마음을 닫아버리는 친구들이 있다. 그런 아이들에게 사실은 그게 아니라고 네가 용기 낸다면 친구는 얼마든지 있다고 '알사탕' 을 통해 아이들에게 보여주고 싶다.

3 수업으로 들어가기

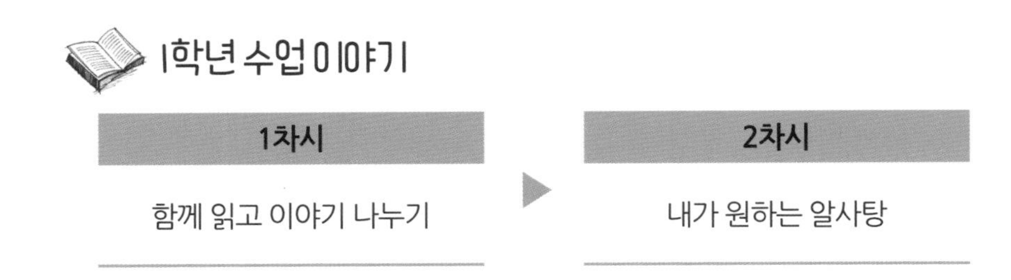

수업흐름

단 계	수 업 내 용
그림책 쳐다보기 (동기유발)	◎『알사탕』 표지 보고 생각 나누기 ▶ 표지부터 보여주면서 아이들과 살펴본다. - 왜 책의 제목이 '알사탕'일까요? - 사탕을 먹으면 기분이 어떤가요? - 이 그림책의 장소는 어디인가요? - (앞표지와 뒷표지 보여주며) 뭐가 달라졌나요?
그림책과 만나기	◎ 그림책 함께 읽기 이 책은 앞 면지부터 이야기가 시작되어 속표지, 뒷 면지까지 이야기가 이어지는 책이다. 앞 면지, 속표지 등을 빼뜨리지 말고 보여준다. ▶ 앞 면지 보여주고 속표지부터 읽어주기 (아이들과 함께 책을 읽는다.) 그래서 혼자 놀기로 했다. (멈춤) - 혼자 놀고 싶을까? 왜 혼자 놀게 되었을까? - 이 친구의 표정은? 새 구슬이 필요하다 까지 읽어주기 - 새 구슬이 왜 필요할까? 알사탕과 무늬와 주변의 상황과 연결지어 책 읽어주기 - 알사탕을 먹으면 어떤 소리가 들리나요? 밖에서 소리가 들렸어요. "안녕, 안녕…"까지 읽어주기 - 아이들 반응을 살펴본다. 마지막 남은 투명한 사탕은 아무리 빨아도 아무런 소리가 들리지 않았다. 까지 읽어주기 - 동동이가 왜 혼자 놀았을까? - 친구를 사귀려면 어떻게 하면 될까? ▶ 끝까지 읽어주기
그림책과 놀기	◎ 공감 소통 역량 내가 원하는 알사탕은? 활동하기 - 평소에 듣고 싶은 속마음을 알 수 있는 내가 원하는 알사탕을 그려봅니다. - 자신이 듣고 싶은 알사탕을 그리고 그 이유를 한 문장으로 쓴다. - 주제돌림말하기로 친구들과 이야기 나눈다.

단 계	수 업 내 용
갈무리 하기	◎ 배운 내용 정리하기 - 책을 읽으면서 내가 경험한 점, 알게 된 점, 느낀 점, 실천해 보고 싶은 점을 기록해 봅시다.

관련 교육 과정

공감 소통 역량	☞ 국어 1-1-7. 생각을 나누어요. 쓰기 [2국03-02] 자신의 생각을 문장으로 표현한다.

평가는 이렇게

교육 과정 성취 기준	평가 내용	평가 기준		평가 방법
쓰기 [2국03-02] 자신의 생각을 문장으로 표현한다.	자신의 생각을 바탕으로 내가 듣고 싶은 알사탕을 구체적인 문장으로 표현할 수 있는가?	상	문장 부호나 꾸며주는 말을 사용하여 내가 듣고 싶은 알사탕을 자신의 생각을 바탕으로 구체적인 문장으로 표현할 수 있다.	서술 구술
		중	문장부호나 꾸며주는 말을 사용하여 내가 듣고 싶은 알사탕을 자신의 생각을 바탕으로 문장으로 표현할 수 있다.	
		하	문장부호를 사용하여 내가 듣고 싶은 알사탕을 자신의 생각을 바탕으로 문장으로 표현할 수 있다.	

알사탕 - 공감 소통 역량	학년 반
내가 원하는 알사탕 그리기	이름 :

■ 내가 원하는 알사탕을 그리고 알사탕을 먹었을 때 어떤 이야기를 들을 수 있는지 그려 봅시다.

<알사탕>

이 사탕을 먹으면

왜냐하면,

4 이렇게 해 봤어요

표지 살펴보기

- 오늘 함께 읽을 책은 『알사탕』이에요.
  - 맛있겠다.
- 알사탕이라는 책 제목이 보이나요? 왜 알사탕일까요?
  - 사탕이 있으니까 알사탕이에요.
- 사탕을 먹으면 어떤가요?
  - 달콤하고 달아요. 맛있어요. 달콤하고 달아요.
- 기분은요?
  - 먹기 전보다 기분이 좋아져요.
- 이 책의 장소는 어디인가요?
  - 놀이터에요. 아무도 없어요.
- (앞 표지와 뒷표지 보여주며) 뭐가 달라졌나요?
  - 그런데 같은 장소에요. 같은 장소인데, 다른 느낌이에요.
  - 사람이 아무도 없어요.
- 어떻게 다른지 우리 함께 읽어볼까요?

그림책 함께 읽기

(아이들과 함께 책을 읽는다.) 그래서 혼자 놀기로 했다. (멈춤)

- 혼자 놀고 싶을까? 왜 혼자 놀게 되었을까?
  - 친구가 같이 놀자고 안 해서. 친구들이 같이 놀자고 말 안해서.
- 이 친구의 표정은?
  - 좋지 않아요. 안 좋아요.

새 구슬이 필요하다 까지 읽어주기

- 새 구슬이 왜 필요할까?
  - 구슬치기 하는데 구슬이 부족하기 때문이에요.

• 왜 알사탕을 샀을까?

– 구슬 치는 거랑 알사탕이 비슷해서요.

알사탕과 무늬와 주변의 상황과 연결지어 책 읽어주기

– 알사탕의 무늬와 목소리 들리는 주인공이 누구인지 아이들이 찾아낸다.

• 알사탕을 먹으면 어떤 소리가 들리나요?

– 속 마음을 들을 수 있어요.

– 하고 싶은 말을 들을 수 있어요.

밖에서 소리가 들렸어요. "안녕, 안녕…"까지 읽어주기

– 어. 누군가 있어요. 친구 인가 봐요.

마지막 남은 투명한 사탕은 아무리 빨아도 아무런 소리가 들리지 않았다. 까지 읽어주기

• 동동이가 왜 혼자 놀았을까?

– 친구가 없어서 / 말을 잘 못하겠어서.

• 친구를 사귀려면 어떻게 하면 될까?

– 나랑 같이 놀래? 라고 말해요.

– 친구가 싫다고 하면 다른 친구를 찾아가면 되요.

 내가 원하는 알사탕은? 표현하기

▶ 내가 듣고 싶은 알사탕을 그리고, 어떤 장면인지 한 문장으로 써 봅시다.

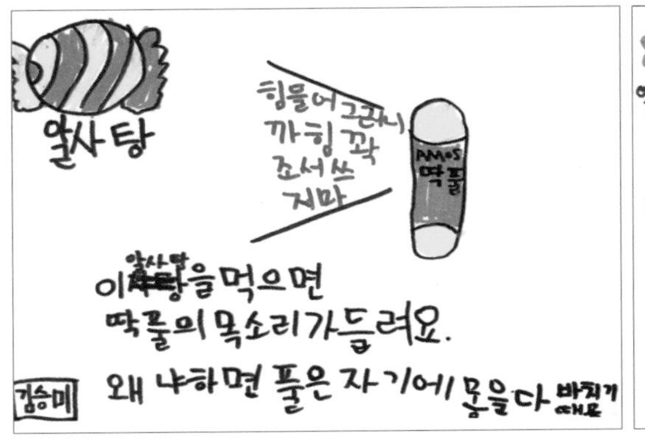

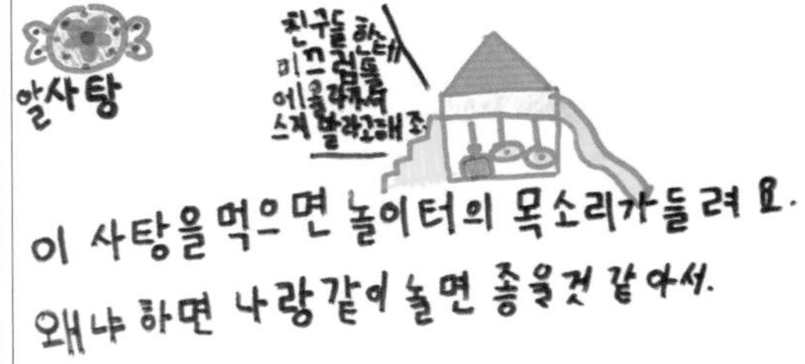

 평가 - 자신의 알사탕 발표하기

▶자신이 듣고 싶은 알사탕을 친구들에게 소개하고 그 이유 발표하기

- 자신의 생각을 문장으로 표현했는지 평가함.

5 활동 소감

아이들 생각

내가 원하는 알사탕은?

이 알사탕을 먹으면

- 아빠 목소리가 들린다. 왜냐하면 아빠가 맨날 맨날 나랑 놀아주니까. (재혁)
- “사랑해”라는 엄마의 목소리가 들린다. (보민)
- “수진아, 머해? 궁금해.”라는 할아버지의 목소리가 들려요. 할아버지는 혼자계시니까요. (수진)
- “널 많이 사랑한단다.”라는 할머니의 목소리가 들려요. 할머니의 옷이랑 같은 색의 사탕이에요.
- “널 사랑해.”라고 하는 내 목소리가 들려요. 나는 내가 좋기 때문이에요. (준혁)
- 사랑의 목소리가 들려요. 아빠가 자주 말하거든요. (시은)
- “안녕! 가현아.”라고 하는 오빠의 목소리가 들려요. 왜냐하면 오빠가 보고싶으니까요. (가현)
- “나랑 같이 놀자”하는 코끼리 인형의 목소리가 들려요. 내가 아끼는 인형이 무엇을 하고 싶은지 이야기 해 보고 싶으니까요.
- 장난감 자동차의 목소리가 들려요. 장난감 자동차가 재미있으니까요. (성완)
- 내 친구 예준이의 목소리가 들려요. 예준이 마음을 알고 싶으니까요. (지윤)
- “친구들에게 미끄럼틀에 올라가서 서지 말라고 해줘.”라는 놀이터의 목소리가 들려요. 나랑 같이 놀고 싶으니까요. (지윤)
- “예준아, 사랑해.”라는 엄마 목소리가 들려요. 요즘에 엄마 목소리를 많이 못들었으니까요.
- “힘들어. 그러니까 힘 꽉 줘서 쓰지마!”라는 딱풀의 목소리가 들려요. 딱풀은 자기의 몸을 다 바치기 때문이에요. (승미)
- “민재야 같이 놀자, 민재야~~”하는 바람의 목소리를 들을 수 있어요. 바람의 소리를 좋아하니까. (민재)
- “나는 바지, 나는 티셔츠, 나는 치마.”라고 하는 천들의 목소리를 들을 수 있어요. (나윤)

- “하은아, 잘지내지?” 하는 할아버지의 목소리가 들려요. 사랑하는 할아버지가 돌아가셔서 이젠 볼 수 없거든요. (하은)
- 동생이 어떤 말을 하는지 못 알아듣겠어요. 그래서 이 사탕을 먹으면 동생의 목소리가 들려요. 동생 목소리가 궁금하니까요. (주아)

선생님 생각

알사탕이라는 책을 보면서 우리반 친구들은 친구와 놀고 싶으면 직접 말하면 되지 혼자 있을 필요는 없다고 했다. 놀고 싶으면 용기 내서 말하고, 말해서 안 논다고 하면 다른 친구를 찾아서 또 이야기 해 보면 된다고 했다. 친구란 내가 용기 내서 직접 이야기 해 보면 생긴다고 했다. 결국 내가 하고 싶은 말은 내 마음속으로 삼키지 말고 직접 말하는 용기가 필요하다는 것을 우리반 아이들은 스스로 찾아 낼 수 있었다.

대구미래역량교육

공감 소통

1학년 수업

내가 바라는 부모님은?

대구미래역량교육 이야기

공감 소통 역량은 인간에 대한 공감적 이해를 바탕으로 삶의 의미를 발견하고 초연결 미래사회에서 자신의 생각과 감정을 효과적으로 표현하고 다른 사람의 의견을 경청하고 존중할 수 있는 역량을 말합니다.

1 책 이야기

도서명 엄마 아빠를 바꿔주는 가게

도서정보
- 글 : 프란체스카 사이먼, 그림 : 피트 윌리엄슨
- 예림당 • 2010

관련 역량

창의융합적 사고	자기 관리	공감 소통	공동체
		○	

내 용

그래, 이제 정말 엄마 아빠를 바꿔야겠어!

“텔레비전 좀 그만 봐! 숙제는 다 했어? 이제 잘 시간이야!” 아바는 언제나 이래라저래라 잔소리하는 부모님이 지긋지긋합니다. 그러던 어느 날 우연히 부모님을 바꿔 준다는 ‘부모님 중고품 가게’ 전단지를 발견하고는 뛸 듯이 기뻐합니다. 부모님 중고품 가게에는 용돈을 많이 준다는 부모님, 잔소리하지 않는다는 부모님, 간섭하지 않는다는 부모님 등 다양한 부모님들이 있습니다. 과연 아바는 마음에 꼭 드는 완벽한 새 엄마 아빠를 고를 수 있을까요?

핵심 질문

☞ 왜 책의 제목이 ‘엄마 아빠를 바꿔주는 가게’ 일까?
☞ 아바의 부모님은 왜 잔소리를 하실까?
☞ 완벽한 엄마 아빠는 있을까?
☞ 내가 바라는 부모님은 어떤 분일까?

2 그림책 살펴보기

부모라면 누구나 아이들에게 잔소리를 하기 마련이다. 가끔은 다른 집 아이와 비교해서 아이들을 속상하게도 한다. 그러면 아이들은 어떨까? 잔소리를 그저 귀찮게만 여기지는 않을까? 혹시 부모님을 바꾸고 싶다는 생각을 하지는 않을까?

이 책의 주인공인 아바는 부모님의 잔소리가 지겹기만 하다. 그러던 어느 날, 우연한 기회에 부모님을 바꿔 주는 가게를 알게 되고 아바는 자신이 직접 부모님을 고를 수 있는 기회를 얻게 된다. 많은 어린이들이 한 번쯤 상상해 봤을 법한 신나는 일이다. 아바는 새 부모님과 행복하게 지낼 수 있을까?

부모와 자식 사이라도 서로의 마음이 퍼즐처럼 꼭 들어맞기는 어렵다. 잔소리를 하는 부모도, 잔소리를 듣는 아이도 마음을 몰라준다고 생각하면 관계가 삐그덕거리기 쉽다.

이 책은 가족의 의미를 직접 드러내고 있지는 않다. 하지만 완벽한 부모님을 찾으려는 아바의 모습에서 우리는 많은 걸 느낄 수 있다. 결국 완벽한 부모는 부족한 점이 있더라도 자신을 진심으로 사랑해주는 부모라는 것, 부모와 아이 모두 상대방의 입장에서 생각하고 마음의 퍼즐을 한 조각 한 조각 맞춰 갈 때 비로소 서로에 대한 사랑과 신뢰도 쌓여 간다는 것을 말이다.

3 수업으로 들어가기

1학년 수업 이야기

1차시		2차시		3차시
함께 읽고 이야기 나누기(1) - 우리집 부모님 규칙	▶	함께 읽고 이야기 나누기(2) - 새 부모님께 바라는 점	▶	함께 읽고 이야기 나누기(3) - 내가 바라는 부모님

수업흐름

단 계	수 업 내 용
그림책 쳐다보기 (동기유발)	◎『엄마 아빠를 바꿔주는 가게』 표지 보고 생각 나누기 ▶ 표지부터 보여주면서 아이들과 살펴본다. - 왜 책의 제목이 '엄마 아빠를 바꿔주는 가게'일까요? - 엄마 아빠를 바꿨으면 좋겠다고 생각한 적이 있나요? - 그렇게 생각한 이유는 무엇인가요?
그림책과 만나기	◎ 그림책 함께 읽기 이 책은 80쪽 분량의 책으로 한 번에 읽어주기에는 길이가 길고 글밥이 제법 많은 책이다. 그래서 세 번에 걸쳐서 일부분씩 읽어주며 활동을 하고, 뒷부분을 궁금해하면서 마무리하곤 했다. 온작품읽기를 처음 시도하는 저학년에 추천하고 싶은 책이다. ▶ (아이들과 함께 책을 읽는다.) 아바는 엄마 아빠 때문에 고민이에요. (멈춤) - 이 친구의 표정은? - 엄마 아빠 때문에 무슨 고민을 하고 있을까? "이제 잘 시간이야!" 까지 읽어주기 - 우리집 부모님은 어떤 잔소리를 하실까? - 부모님이 항상 말씀하시는 우리 집 규칙은 무엇이 있을까? '그래, 이런 엄마 아빠라면 정말 행복할 거야!' 아바는 망설이지 않고 바로 결정했어요. "이분들로 하겠어요!" 까지 읽어주기 - 아바가 새 부모님을 결정한 이유는 무엇일까? - 여러분이 새 부모님을 고를 수 있다면, 어떤 분이 좋을까? 그 부모님이 들고 있는 안내판에는 멋진 말이 쓰여 있었어요. '아이가 무슨 일을 하든지 신경 쓰지 않음!' 까지 읽어주기 - 아이들 반응을 살펴본다. 새로 온 부모님은 정말 이해할 수 없는 사람들이었어요. "하지만... 제가 다칠까 봐 걱정되지 않아요?" 까지 읽어주기 - 아이들 반응을 살펴본다. 아바는 진짜 엄마 아빠 생각이 났어요. 잔소리가 심하긴 해도 아바를 진심으로 걱정해 주었지요. 까지 읽어주기 - 우리 부모님은 어떠실까? 엄마와 아빠는 슬픈 표정으로 서로를 쳐다보았어요. 까지 읽어주기 - 엄마와 아빠가 왜 서로를 쳐다보았을까? 어떤 마음일까? ▶ 끝까지 읽어주기

단 계	수 업 내 용
그림책과 놀기	◎ 공감 소통 역량 내가 바라는 부모님은? 활동하기 - 책을 읽은 뒤, 내가 바라는 부모님에 대한 설명을 쓰고, 부모님을 그려봅시다. - 우리 부모님에게 전하고 싶은 마음을 편지로 표현해 봅시다. - 주제돌림말하기로 친구들과 이야기 나눈다.
갈무리 하기	◎ 배운 내용 정리하기 - 책을 읽으면서 내가 경험한 점, 알게 된 점, 느낀 점, 실천해 보고 싶은 점을 기록해 봅시다.

관련 교육 과정

공감 소통 역량	☞ 국어 10. 인물의 말과 행동을 상상해요. 읽기 [2국02-04] 글을 읽고 인물의 처지와 마음을 짐작한다.

평가는 이렇게

교육과정 성취 기준	평가 내용	평가 기준		평가 방법
읽기 [2국02-04] 글을 읽고 인물의 처지와 마음을 짐작한다.	글을 읽고 인물의 처지와 비슷한 경험을 떠올려 편지를 써서 마음을 전할 수 있는가?	상	글을 읽고 인물의 처지와 마음을 짐작하여 비슷한 경험을 떠올려 부모님께 편지로 마음을 전할 수 있다.	서술 구술
		중	글을 읽고 인물의 처지와 마음을 짐작하여 부모님께 마음을 전할 수 있다.	
		하	글을 읽고 인물의 마음을 짐작하여 마음을 전할 수 있다.	

엄마 아빠를 바꿔주는 가게 - 공감 소통 역량	학년 반
내가 바라는 부모님은?	이름 :

■ 책을 읽은 뒤, 내가 바라는 부모님에 대한 설명을 쓰고, 부모님을 그려봅시다. 우리 부모님에게 전하고 싶은 마음을 편지로 표현해 봅시다.

<내가 바라는 부모님>

<부모님께 편지로 전하는 마음>

4 이렇게 해 봤어요

표지 살펴보기

- 오늘 함께 읽을 책은 『엄마 아빠를 바꿔주는 가게』에요.
  - 제목이 재미있어요. 어떤 내용일지 너무 궁금해요.
- 왜 책의 제목이 『엄마 아빠를 바꿔주는 가게』일까요?
  - 새 엄마 아빠로 바꿔주는 가게일 것 같아요.
- 엄마 아빠를 바꿨으면 좋겠다고 생각한 적이 있나요? 그렇게 생각한 이유는 무엇인가요?
  - 있어요. 매일 공부하라고 하고 게임을 안 시켜주실 때요.
  - 저는 없어요. 지금 엄마 아빠가 좋아요.
- 책 속에서 어떤 일이 일어났는지 우리 함께 읽어볼까요?

그림책 함께 읽기

(아이들과 함께 책을 읽는다.) 아바는 엄마 아빠 때문에 고민이에요. (멈춤)

- 이 친구의 표정은 어때요?
  - 턱을 괴고 생각에 잠겨 있어요.
  - 고민이 있어 보여요. 엄마 아빠 때문에요.
- 엄마 아빠 때문에 무슨 고민을 하고 있을까?
  - 시험을 잘 못쳐서 공부하라고 했을 것 같아요.
  - 동생 때문에 혼나서 고민하고 있을 것 같아요.

"이제 잘 시간이야!" 까지 읽어주기

- 우리 엄마 아빠랑 똑같아요. 같은 잔소리에요.
- 아바의 엄마 아빠 얼굴이 무서워요. 찡그리고 화내고 있어서요.

- 우리집 부모님은 어떤 잔소리를 하시나요?
  - 엄마가 숙제부터 하래요.
  - 공부 많이 하고 텔레비전 보지 말래요.
- 부모님이 항상 말씀하시는 우리 집 규칙은 무엇이 있을까?

– 밥 먹을 때 휴대폰 보면 안 돼요.

– 밥 다 안 먹으면 간식 못 먹어요.

'그래, 이런 엄마 아빠라면 정말 행복할 거야!' 아바는 망설이지 않고 바로 결정했어요. "이분들로 하겠어요!" 까지 읽어주기

- 아바가 새 부모님을 결정한 이유는 무엇일까?
  – 아이가 좋아하는 일은 뭐든 다 해준대요.
  – 바라는 것이 있으면 말만 하면 뭐든지 다 해준대요.
- 여러분이 새 부모님을 고를 수 있다면, 어떤 분이 좋을까요?
  – 숙제 영원히 안 하고 핸드폰만 해도 돼요?
  – 맨날 레스토랑 가고, 맨날맨날 놀아도 돼요?
  – 친구 집에서 자도 돼요?

그 부모님이 들고 있는 안내판에는 멋진 말이 쓰여 있었어요. '아이가 무슨 일을 하든지 신경 쓰지 않음!' 까지 읽어주기

- 아이들 반응을 살펴본다.
  – 좋을 것 같기도 하고, 안 좋을 것 같기도 해요.
  – 군것질만 하고, 잠도 일찍 안 자도 되고, 야채도 안 먹어도 되면 좋을 것 같아요.

새로 온 부모님은 정말 이해할 수 없는 사람들이었어요. "하지만... 제가 다칠까 봐 걱정되지 않아요?" 까지 읽어주기

- 아이들 반응을 살펴본다.
  – 아바가 앉은 의자가 넘어가서 바닥에 넘어지고, 비명도 질렀는데 보러 오지 않았어요. 새로 온 부모님이 너무한 것 같아요.
  – 성냥으로 불장난해도 되고, 지붕 위에서 춤춰도 된다니 이해가 안 가요.

아바는 진짜 엄마 아빠 생각이 났어요. 잔소리가 심하긴 해도 아바를 진심으로 걱정해 주었지요. 까지 읽어주기

- 여러분 부모님은 어떠실까요?
  – 맞아요. 잔소리는 하시지만, 걱정해서 하는 말씀 같아요.
  – 저도 우리 엄마 아빠가 좋아요.

엄마와 아빠는 슬픈 표정으로 서로를 쳐다보았어요. 까지 읽어주기

- 엄마와 아빠가 왜 서로를 쳐다보았을까? 어떤 마음일까?
  - 아바가 보고 싶을 것 같아요. 같은 마음이라서 쳐다보았어요.
  - 아바도 엄마 아빠를 보고 싶어 하는데, 빨리 만나면 좋겠어요.

끝까지 읽어주기

 내가 바라는 부모님은? 표현하기

▶ 책을 읽은 뒤, 내가 바라는 부모님에 대한 설명을 쓰고, 부모님을 그려봅시다. 우리 부모님에게 전하고 싶은 마음을 편지로 표현해 봅시다.

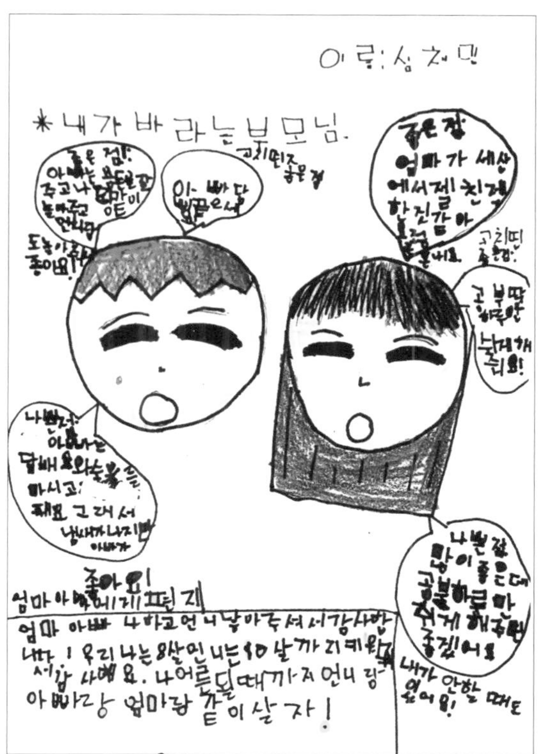

서현진
나는 절때 엄마 아빠를
바꾸지 않을거야
잘놀아줌
다치면 걱정함

*내가 바라는부모님
장난감 사주자
치킨먹을래

5 활동 소감

아이들 생각

우리집 부모님의 잔소리는?

– 한결 : ①밥 먹고 간식 먹기 ②문제집 풀고 놀기

– 도훈 : ①잘 시간은 9시 ②엄마가 집안 일하면 나도 돕기 ③밥 먹을 때는 엉덩이 떼지 않기

– 가연 : ①유튜브 볼 땐 허락을 받아야 됨 ②동생이랑 싸우면 동생이 먼저 사과함
③아침에 일어나면 안경 닦기 ④옷 투정 하지 않기

– 한울 : ①패드 10분 보기 ②밥 쉬지 않고 먹기 ③밥 스스로 먹기 ④스스로 양치하기

– 기원 : ①엄마가 숙제부터 하래요. ②밥 먹을 때 반찬도 같이 먹으래요.
③엄마가 공부 많이 하래요. ④엄마가 텔레비전 보지 말래요.

– 민지 : ①오빠랑 싸우지 말라고 할 때 ②밥 먹을 때 조용히 하라고 할 때
③오빠 말 잘 들으라고 할 때 ④엄마가 숙제부터 하라고 할 때 – 잔소리로 느껴져요.

– 유경 : 밥 다 안 먹으면 간식 못 먹어요.

– 혁우 : 숙제하고 마음대로 해요.

– 채이 : ①밥을 다 못 먹으면 간식을 못 먹어요. ②숙제를 다 하고 게임을 해요.

– 다빈 : ①언니랑 싸우지 않기 ②밤에 조용히 하기 ③일찍 자기

– 동은 : 밥 먹을 때 휴대폰 보지 않기

– 지윤 : ①공부 다 하고 TV 보기 ②밥 먹을 때 핸드폰 보지 않기
③밥 먹을 때 쩝쩝거리지 않기 ④집에서 핸드폰 보지 않기

– 채민 : 할 걸 다 하고 TV 보기

– 현진 : ①"당장 일어나지 못해!" (아침에 일찍 일어나기 규칙) ②"현진아, 밥 먹어라."
③"빨리 들어가서 숙제해." ④"동생이랑 같이 놀아." ⑤"밤에 일찍 자자."
⑥규칙 어기면 나가라는 소리

– 찬우 : ①동생이랑 싸우지 않기 ②9시까지 자기

– 예준 : ①숙제 다 하고 게임을 해야함 ②숙제 다 하고 잠자기

– 시연 : ①게임 한다고 싸우면 핸드폰 1주일 못함
②엄마가 밥 먹으라고 하면 바로 밥 먹으러 오기

– 예리 : ①사이좋게 지내기 ②엄마 말 잘 듣기
– 서진 : ①9시에 자기, 단 금 · 토요일 면제 ②게임 30분까지
– 창현 : 폰 하는 시간을 지키고, 밥 먹을 때 폰 보지 않기

(책을 읽는 중) **내가 새 부모님에게 바라는 점은?**
– 숙제 영원히 안 하고 핸드폰만 해도 돼요? (현진)
– 군것질만 해도 되요? 밥 안 먹구요. (창현)
– 맨날 레스토랑가고, 맨날 놀아도 돼요? (서진)
– 스포츠카 사도 돼요? (동건)
– 24시간 TV보고 게임하고 하고싶은 것 다 해도 돼요? (동은)
– 학교 안다녀도 돼요? (유경)
– (모두) 다 해도 돼요? (혁우)
– 친구 집에서 자도 돼요? (가연)
– 마인크래프트 현금 결제해서 깔아도 돼요 ?
– 2000만원 현금 결제해도 돼요?
– 브롤스타즈 게임할 때 (도훈, 한결)
– 학교 영원히 안가도 돼요? (채민)
– 999만원 현금 결제해도 돼요? (민욱,창현)
– 수학 공부 계속 안해도 돼요? (한결)
– 학교 안가도 돼요? (지윤)
– 집 밖으로 혼자 멀리가도 돼요? (재우)
– 로블록스 '입양하세요' 라는 게임해서 타는 모양 90만원 타도 돼요? (시연)
– 배그(배틀그라운드)에서 총 한개 사도 돼요? (예준)
– 마인크래프트에서 다이아몬드 1000개 가져도 돼요? (기원)

(책을 읽고 난 후) **내가 바라는 부모님은?**
– 사랑해라고 매일 말함. 잔소리 절대 안함. (기원)
– 담배는 X. 매일 나랑 놀아줌. 매일 마트에 가서 장난감 사줌. 동생보다 나를 더 사랑함. (가연)
– 나는 절대 엄마 아빠를 바꾸지 않을거야. 잘 놀아줌. 다치면 걱정함. (현진)

– <아빠> 좋은 점 : 아빠는 용돈도 잘 주고 나와 같이 놀아주고 언니랑도 놀아줘서 좋아요.
나쁜 점 : 아빠는 담배를 피고 술을 마셔요. 그래서 냄새가 나지만 아빠가 좋아요.
고치면 좋은 점 : 아빠 담배 끊으세요.
<엄마> 엄마가 세상에서 제일 친절한 것 같아요.
나쁜 점 : 많이 좋은데 공부 하루만 쉬게 해주면 좋겠어요. 내가 안할 때도 있어요!
고치면 좋은 점 : 공부 딱 하루만 쉬게 해줘요! (채민)
– 아빠 : 좀 더 놀아주고 뭘 할지 생각하면 좋겠다. 엄마 : 화를 안냈으면 좋겠다. (한울)
– 아빠 : 장난감 사줄까? 엄마 : 치킨 먹을래? 나한테 뭐든지 다해주는 엄마. (민욱)
– 내가 바라는 엄마 : 엄마 학원 하루 빼주세요. (유경)
– 아빠 : 잘 놀아줌. 엄마 : 잔소리 절대 안함. (민지)
– 아빠 : TV 계속 보지 않기. 잔소리 하지 않기. 엄마: 동생이랑 싸우지 않기. 엄마 말 잘 듣기. (지윤)
– 아빠 : 축구 3시간 하러 가. 엄마 : 잠바 입고 가. (동건)
– 재밌는 아빠, 착한 아빠. 사랑해 말해주는 엄마, 잔소리 안하는 엄마. (다빈)
– 한복 잘 만드는 착한 부모님. (시연)
– 아빠 : 다치면 걱정함. 엄마 : 나를 동생보다 좋아함. (찬우)
– 아빠 : 담배 절대 안해. 엄마 : 요리는 잘 할 거예요. (도훈)
– 내가 해달라는 것 다해주는 엄마. (예리)
– 아빠 : 담배 X. 엄마 : 엄마, 회사에서 빨리 오세요. (채이)
– 아빠 : 잘 놀아줌. 맛있는 거 많이 줌. 엄마 : 용돈 많이 줌. 게임 많이 해줌. (재우)
– 아빠 : 잔소리 X, 많이 놀아줌. 엄마 : 맨날 안아줌. (서진)

부모님께 편지로 전하는 내 마음은?

– 엄마, 저를 걱정해주셔서 감사합니다. 엄마 아빠 말 안 들어서 죄송합니다.
엄마 정말 죄송해요. 엄마가 저를 사랑하는 거 알아요. (혁우)
– 부모님 사랑해요. 제가 사랑하는 거 알죠. 사랑해요. 또 고마워요. (기원)
– 엄마 아빠 맨날 짜증만 내고 귀찮게 해서 죄송해요. 그리고 엄마 아빠 제가 엄마 아빠는
저를 더 사랑하는 걸 아는데 동생만 사랑한다고 울고불고해서 죄송해요.
엄마 아빠 사랑해요. (가연)
– 엄마 아빠! 엄마 허리 아픈데 달리기 하자고 해서 죄송합니다. 아빠 장난감을 2개 사달라고

떼써서 죄송합니다. 엄마 아빠 현아야 언니랑 현진이가 사랑하는 거 알죠.
현아랑 맨날 싸워서 죄송합니다. 앞으론 현아랑 싸우지 않을게요. (현진)

- 엄마 아빠 나하고 언니 낳아주셔서 감사합니다! 나는 8살, 언니는 10살까지 키워주셔서 감사해요. 나 어른될 때까지 언니랑 아빠랑 엄마랑 같이 살자! (채민)
- 부모님, 사랑하고 위에 있는 것처럼 해주세요. 좋은 점도 있어요. (한울)
- 엄마 아빠 사랑해요. 형아랑 안 싸울게요. 아빠는 회사를 다녀요. 힘든 아빠. 엄마는 설거지를 해서 힘들어요. 도와줄 거에요. (민욱)
- 엄마, 오빠랑 안 싸울게요. 그러니까 화내지 마. 그리고 사랑해. 숙제도 잘할게. 사랑해~ (민지)
- 아빠, 감기 빨리 낫고, 담배는 조금 안 피면 좋겠어. 아빠 담배 조금 많이 안 피면 나도 휴대폰 조금 할게. 그리고 할머니 말 잘 들을게. ^^ (동은)
- 동생이랑 계속 싸워서 미안해요. 앞으로 동생이랑 안 싸울게요. 사랑해요. 그리고 고마워요.
- 아빠 엄마. 허리도 아프고 힘든데 축구하러 가자고 떼써서 죄송해요. 그래도 축구하러 가주셔서 감사합니다. (동건)
- 엄마, 아빠 사랑해요. 하지만 화내면 저도 짜증이 나요. 화를 내고 싶지만... 엄마 아빠가 너무 무서워서 말을 못하는 거에요. 엄마 아빠 많이 사주지만 제가 힘들게 해도 화는 내지 마세요. 부끄러워요. 사람 있는 곳에서 화내면 더 부끄러워요. 그러니까 저 그만 쓸게요. 시연 올림. (죄송합니당!) (시연)
- 엄마, 저를 키워주어서 감사합니다. 아빠, 저랑 잘 놀아주어서 감사합니다. 동생, 내가 때려서 미안해. (찬우)
- 엄마, 건강하세요! 엄마, 내가 자꾸 힘들게 해서 미안해요. 아빠, 다쳐서 미안해요. 형아, 핸드폰만 해달라고 해서 미안. (도훈)
- 엄마에게. 키워주셔서 고맙습니다. (예리)
- 엄마 아빠 맨날 회사 늦게 가게 해서 죄송해요. 다음에는 더 공부 열심히 하고 오빠랑 안 싸울게요. 큐브 수학 국어 집에서 열심히 하고 책도 열심히 읽을게요. (채이)
- 엄마 요즘 병원에서 환자 때문에 많이 힘들죠? 그리고 아빠도 버스 승객이 많아서 많이 힘들죠? 제가 항상 학교에서 응원할게요. 앞으로도 우리 행복하게 살아요. (재우)
- 엄마, 할머니, 할아버지께. 엄마 맨날 놀아주시라고 해서 죄송해요. 할머니 달리기 하자고 해서 죄송해요. 사랑해요. 할아버지도요. (서진)

선생님 생각

엄마 아빠를 한 번쯤 바꿔보고 싶은 게 많은 아이들의 마음인 것 같다. 내 맘대로 할 수 있게 해주는 엄마 아빠를 갖고 싶은 게 아이들의 진짜 마음일까? 그래서인지 비슷한 설정의 그림책들이 떠오른다. '왕창세일', '엄마 아빠 팔아요.', ' 내멋대로 아빠 뽑기', '마법의 설탕 두 조각' 등 책들이 많은 걸 보면 말이다.

이 책은 엄마 아빠를 바꿔주는 중고가게가 있다는 설정이 참 신선하고, 우리반 아이들에게도 초반부터 흥미롭게 다가왔다. 처음으로 긴 분량의 글밥많은 책을 읽어주는데도 집중해서 볼 수 있었던 이유 중 하나이다.

이 책은 직접적으로 교훈을 드러내고 있지는 않지만, 완벽한 부모님을 찾으려는 아바의 모습에서 우리는 많은 걸 느낄 수 있다. 결국 완벽한 부모는 부족한 점이 있더라도 자신을 진심으로 사랑해주는 부모라는 것을 우리반 아이들 또한 책을 읽으며 스스로 발견할 수 있었다. 새 부모님에게 바라는 점, 그리고 책을 다 읽은 뒤 부모님에게 바라는 점 사이에 차이가 있었고, 아이들 나름대로 고민한 흔적이 보였다. 부모와 아이 모두 상대방의 입장에서 생각하고 마음의 퍼즐을 한 조각 한 조각 맞춰 갈 때 비로소 서로에 대한 사랑도 신뢰도 쌓여 간다는 것을 보여주는 책이다.

대구미래역량교육

공감 소통

4학년 수업

생각은 모두 달라

대구미래역량교육 이야기

공감 소통 역량은 인간에 대한 공감적 이해를 바탕으로 삶의 의미를 발견하고 초연결 미래사회에서 자신의 생각과 감정을 효과적으로 표현하고 다른 사람의 의견을 경청하고 존중할 수 있는 역량을 말합니다.

1 책 이야기

도서명 무슨 생각하니?

도서정보
- 글, 그림 : 로랑모로
- 로그프레스
- 2015

관련 역량

창의융합적 사고	자기 관리	공감 소통	공동체
		○	

내 용

『무슨 생각하니?』는 우리가 거리에서 만나는 이웃들의 머릿속을 재미있게 살펴보는 책입니다. 이 책은 마을 사람들의 다양한 생각과 감정을 각각 2페이지에 걸쳐 소개하고 있는데, 오른쪽에는 마을 사람들의 초상화가, 왼쪽에는 그 사람의 생각이 텍스트로 적혀있습니다. 이 책을 다 읽고 난 후 우리는 세상은 이렇게 세상 곳곳에서 자신의 생각을 가지고 열심히 살아가고 있는 사람들로 만들어진다는 것을 알 수 있을 것입니다.

핵심 질문

☞ 당신은 무슨 생각을 하고 있나요?
☞ 우리 가족, 내 친구는 무슨 생각을 하고 있을까요?
☞ 우리의 생각을 어떻게 표현할 수 있을까?

2 그림책 살펴보기

상대방의 머릿속이 궁금해지는 순간이 있다.

'지금 저 표정은 어떤 의미지?' '도대체 이 사람은 무슨 생각을 하는 걸까?'

수많은 물음표를 띄어 보아도 그 속은 도통 알 수 없어 답답하기만 하다.

프랑스 작가 로랑 모로는 그런 마음을 다 안다는 듯이 사람들의 머릿속을 보여주는 그림책을 만들었다. 『무슨 생각하니?』는 다른 사람의 생각을 훔쳐보는 재미가 있는 책이다. '플랩북'(책장의 덮힌 부분을 펼쳐서 읽도록 만들어진 책)으로 만들어져 있는 이 책은 모든 그림이 인물 소개처럼 등장인물의 초상으로 구성되어 있고, 옆에 왼쪽에 있는 글은 등장인물의 하고 싶은 일을 소개한다. 그리고 덮힌 부분을 펼치면 그 일을 그림으로 구체화 시켜 놓았다.

왼쪽 페이지에는 짤막한 문장 하나, 오른쪽 페이지에는 서프라이즈의 효과를 주는 그림. 간단한 구조의 그림책이지만 이 책을 매개로 우리 반 아이들이 자기 생각을 창의적으로 표현할 수 있을 거 같았다. 또 다른 친구들의 생각도 궁금해하고 생각을 공유하며 소통할 수 있을 거 같았다. 그러다보면 아이들도 알게 될 것이다. 결국 세상은 이렇게 세상 곳곳에서 자신의 생각을 가지고 열심히 살아가고 있는 사람들로 만들어진다는 것을.

3 수업으로 들어가기

4학년 수업 이야기

1차시		2차시
그림책과 만나기 (함께 읽고 이야기 나누기)	▶	그림책과 놀기 (너, 무슨 생각하니?)

수업흐름

단 계	수 업 내 용
그림책과 만나기	▶ 책 표지 보고 이야기 나누기 - 왜 책의 제목이 『무슨 생각하니』일까요? - 표지에 그려져 있는 사람은 어떤 표정일까요? 무슨 생각을 하고 있을까요? - 표지를 통해 알 수 있는 점은 무엇인가요? ▶ 그림책 읽고 내용 파악하기 이 책은 '플랩북'(책장의 덮힌 부분을 펼쳐서 읽도록 만들어진 책)으로 왼쪽에 있는 글과 오른쪽에 있는 그림을 본 후 덮혀져 있는 면을 펼쳐준다. - 사람들은 어떤 생각을 하며 살아가고 있나요? - 지금 이 순간 나는 어떤 생각을 하나요? - 우리 가족 / 내 친구들은 어떤 생각을 하고 있을까요?
그림책과 놀기 (너 무슨 생각하니?)	◎ 공감 소통 역량 너 무슨 생각하니? 활동하기 ▶ 이미지 카드로 이야기 나누기 - 이미지카드를 보고 지금 내 마음, 내 생각과 관련된 이미지 카드를 한 가지 골라봅시다. - 왜 그 카드를 골랐는지 이유와 함께 이야기를 나눠 봅시다. ▶ 친구의 생각을 상상하여 그림으로 표현하기 - 친구의 이야기를 잘 듣고 친구의 생각을 머릿속을 상상하여 그림으로 표현해 봅시다.
갈무리 하기	◎ 배운 내용 정리하기 - 책을 읽으면서 내가 경험한 점, 알게 된 점, 느낀 점, 실천해 보고 싶은 점을 기록해 봅시다.

관련 교육과정

공감 소통 역량	☞ 국어 3. 바르고 공손하게 듣기 말하기 [4국01-06] 예의를 지키며 듣고 말하는 태도를 지닌다.

평가는 이렇게

교육 과정 성취 기준	평가 내용	평가 기준		평가 방법
듣기 말하기 [4국01-06] 예의를 지키며 듣고 말하는 태도를 지닌다.	대화 예절을 지키며 대화하는 방법을 알고, 자기 생각을 표현할 수 있는가?	상	대화 예절을 지키며 대화하는 방법을 정확히 알고, 자기 생각을 구체적으로 표현한다.	서술 구술
		중	대화 예절을 지키며 대화하는 방법을 알고, 자기 생각을 표현한다.	
		하	대화 예절을 지키며 대화하는 방법을 잘 알지 못하고, 자기 생각을 표현하는 데 미흡하다.	

4 이렇게 해 봤어요

표지 살펴보기

- 오늘 함께 읽을 책은 『너 무슨 생각하니?』이에요.
- 표지를 한 번 봐요. 어떤 장면이 보이나요?
  - 어떤 사람이 서로 마주 보고 있어요.
  - 오른쪽에는 새가 있어요
- 책 제목과 표지를 살펴보니 어떤 이야기일 거 같나요?
  - 잘 모르겠어요.
  - 생각에 대한 이야기인 거 같아요.

그림책 함께 읽기

- 어떤 내용인지 그림책을 한 번 읽어봅시다.
- 막심은 무슨 생각을 하나요?
  - 신나는 모험을 떠올리고 있어요.
- 막심이 생각하는 신나는 모험은 무엇인가요?

– 호랑이를 타고 정글을 다니는 거요.

• 여러분에게 신나는 모험은 무엇인가요?

– 아빠 엄마 없이 우리끼리 놀러 가는 거요.

– 놀이공원에서 놀이기구 타는 거요.

– 돈이 100만 원 생기는 거요.

• 아나엘이 단것을 먹고 싶다는 마음을 어떻게 표현했나요?

– 머리가 딸기 케이크로 되었어요.

• 사람들은 어떤 생각을 하며 살아갈까요? 지금 나는, 내 옆에 있는 친구는, 우리 부모님은 어떤 생각을 하고 있을지 상상해 봅시다.

– 로또 1등에 당첨 되서 사고 싶은 거 다 사는 생각을 해요.

– 공부를 잘해서 서울대에 가는 상상을 해요.

– 아이돌이 되어서 전 세계에 공연을 하며 다녀요.

이미지 카드로 생각 나누기

• 이미지 카드를 살펴보고, 지금 내 생각, 내 마음을 잘 표현해 주는 이미지 카드를 선택해 봅시다. 그 카드를 고른 이유와 함께 친구에게 발표해 봅시다.

– 나는 요즘 학원 숙제가 많아서 스트레스를 받을 때가 많아. 그래서 책이 쌓여 있는 그림을 골랐어.

– 나는 가끔 하늘을 날고 싶은 생각이 들어. 그래서 하늘을 날아가는 비행기 그림을 골랐어.
– 내가 제일 좋아하는 건 우리 집 강아지야. 그래서 학교에서도 강아지가 생각이 많이나. 그래서 나는 강아지가 뛰어다니는 그림을 골랐어.

• 보통 우리는 생각을 말로 표현하기도 하지만 이렇게 그림으로도 우리의 생각을 표현할 수 있어요.

 친구의 생각을 그림으로 표현하기

▶ 친구와 나눈 이야기를 바탕으로 친구의 머릿속을 그림으로 표현해 봅시다.
– 그림으로 표현하다가 궁금한 점이 생기면 친구와 묻고 답하면서 그림을 완성해 보세요.

5 활동 소감

아이들 생각

- 다른 친구들의 생각을 들을 수 있어서 좋았다.
- 내가 어떤 생각을 하는지 말하기 어려웠는데 이미지 카드로 고르니까 쉽게 고를 수가 있었고, 내 생각을 듣고 **이가 그림으로 그려줘서 고마웠다.
- 친구들의 생각을 들어보니 우리는 정말 다양한 생각을 한다는 것을 알 수 있었다. 나와 다른 생각들이 모여서 세상이 더 재미있어진다는 게 기억에 남는다.
- 학원 숙제가 많아서 스트레스가 많다는 ○○이의 말이 제일 기억에 남는다. 왜냐하면 나도 그런적이 있어서 ○○이의 마음이 이해가 되었기 때문이다.
- '무슨 생각하니?' 그림책을 읽으니까 다른 사람들이 무슨 생각을 하며 살아가는지 궁금해졌다.
- 친구들의 생각을 들으면서 나랑 비슷한 생각이 많아서 재밌었다.
- 아빠 엄마는 무슨 생각하는지 궁금해졌어요.

선생님 생각

누구나 생각을 하며 살아간다. 그러나 그 생각을 잘 드러내어 그 사람의 생각을 쉽게 알 수 있는 사람이 있고, 반면에 생각을 숨기며 살아가서 무슨 생각을 하는지 도통 알 수 없는 사람도 있다. 우리 반 안에서도 마찬가지다. 다른 친구의 생각에 관심 없이 자기 말만 하는 아이들과 자기 생각을 드러내는 것을 부끄러워하고 두려워하는 아이들이 있다.

그래서 '무슨 생각하니?' 라는 그림책을 읽으면서 우리 반 친구들에게 서로의 생각을 궁금해하고 자유롭게 소통할 수 있었으면 좋겠다고 말했다. 그림책을 따라 읽으며 사람마다 다양한 생각들이 있고 그 생각에는 정답이 없다는 것을 깨닫게 된 아이들은 자기 생각을 조금씩 꺼내기 시작했다. 생각을 말로 표현하기 어려운 아이들은 이미지 카드를 선택하며 생각을 꺼내기 시작했다. 앞으로도 우리 반 아이들이 자기 생각을 스스럼없이 표현하고 소통할 수 있었으면 좋겠다.

대구미래역량교육

공감 소통

5학년 수업

진정한 사과를 하려면?

대구미래역량교육 이야기

공감 소통 역량은 인간에 대한 공감적 이해를 바탕으로 삶의 의미를 발견하고 초연결 미래사회에서 자신의 생각과 감정을 효과적으로 표현하고 다른 사람의 의견을 경청하고 존중할 수 있는 역량을 말합니다.

1 책 이야기

● 도서명 사자가 작아졌어!

● 도서정보
- 글, 그림 : 성훈
- 비룡소
- 2015

● 관련 역량

창의융합적 사고	자기 관리	공감 소통	공동체
		○	

● 내 용

밀림의 왕 사자는 늘어지게 낮잠을 자고 있습니다. 그런데 어느 날 갑자기 사자가 작아졌습니다. 어제는 첨벙첨벙 개울을 건널 수도 있었지만, 오늘 사자는 너무 작아져서 개울에 빠져버리고 말았습니다. 그런 사자를 개울에서 건져준 것은 한 마리의 가젤이었습니다. 그런데 가젤은 깜짝 놀라고 말았습니다. 그 사자는 어제 엄마를 빼앗아간 사자였기 때문입니다. 가젤은 다시 사자를 물에 빠트려 버려야겠다고 생각했습니다.

● 핵심 질문

☞ 만약 내가 가젤이라면 어떤 마음일까?
☞ 만약 내가 사자라면 어떻게 할까?
☞ 진정한 사과란 무엇일까?

2 그림책 살펴보기

밀림의 왕 사자는 두려울 것이 없다. 늘어지게 낮잠을 자고 있어도 사자를 감히 공격할 수 있는 동물은 밀림에 없기 때문에. 그런 사자가 매일 건너던 얕은 물에 빠져 허우적거릴만큼 작아졌다는 재미있는 설정으로 이 그림책은 시작한다. 물에 빠져 허우적거리던 사자를 꺼내어 살려준 동물은 다름 아닌, 어제 먹이로 삼았던 가젤의 자식이었다. 원수는 외나무 다리에서 만난다는 말이 딱 이 상황이 아닐까? 사자는 가젤의 화를 풀어주기 위해 무엇이든 해주려고 하지만, 가젤은 엄마를 영원히 잊을 수 없기 때문에 마음이 풀리지 않았다. 사자는 역지사지의 마음으로 생각해본다. 만약 자신이라도 엄마를 영원히 못본다고 생각하면 슬플 것이기 때문에. 그때 사자는 마음을 다해 가젤에게 진심으로 사과하게 된다. "너를 상처줘서 미안해"라고. 이 책을 읽으며 나는 공감과 진정한 사과에 대하여 다시 생각해보게 되었다. 그 사람을 위한 100가지의 행동보다 한 마디의 진심어린 말의 힘을 이 그림책을 통해 느끼게 되었다.

3 수업으로 들어가기

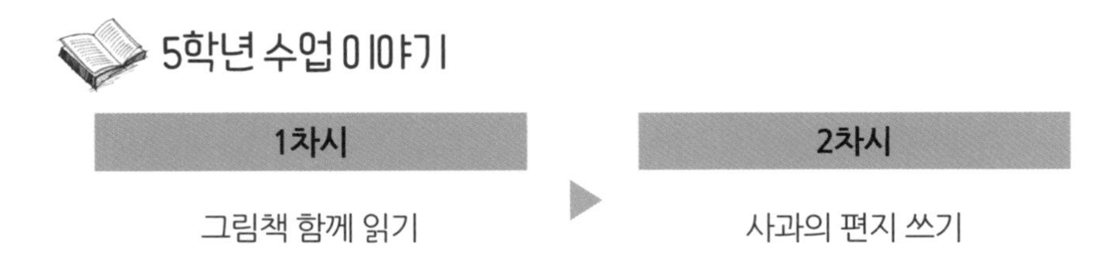

수업흐름

단 계	수 업 내 용
그림책 쳐다보기 (동기유발)	◎『사자가 작아졌어!』 표지 보고 생각 나누기 ▶ 표지부터 보여주면서 아이들과 살펴본다. - 책의 제목을 보니 어떤 생각이 드나요? - 책의 표지를 좀 더 자세히 볼까요?

<table>
<tr><th>단 계</th><th>수 업 내 용</th></tr>
<tr><td>그림책과
만나기</td><td>◎ 멀리서 함께 읽기
- 선생님과 함께 읽으며 전체적인 내용을 파악해 봅시다.
- 책에서 사자와 가젤에게 어떤 일이 일어났는지를 생각하며 읽어 봅시다.

공감 소통 역량

공감과 진심을 담은 사과에 대하여 생각해보아요!

◎ 마음을 이해하며 그림책 함께 읽기
- 사자에게 무슨 일이 일어났나요?
- 만약에 여러분이 가젤의 상황이라면 어떻게 행동할 것인가요?
- 사자가 가젤의 화를 풀어주기 위해 어떻게 행동하고 있나요?
- 가젤의 말을 들은 사자는 앞으로 어떻게 할까요?
- 사과를 들은 가젤은 어떤 생각이 들었을까요?</td></tr>
<tr><td>그림책과
놀기</td><td>◎ 사과의 편지 쓰기
- 여러분도 혹시 사자와 같은 경험이 있나요?
- 사자가 가젤에게 한 사과처럼, 진심으로 상대방의 이야기에 공감하고 사과하는 모습이야말로 진정한 용기라고 생각합니다.
- 사과하고 싶었지만, 사과하지 못했었던 상황을 떠올려보고 그 사람 입장에서 공감하여 사과의 편지를 써 봅시다.

◎ 사과 나무 완성하기
- 사과의 편지를 나무에 붙여서 우리반 사과나무를 만들어 봅시다.</td></tr>
<tr><td>갈무리
하기</td><td>◎ 배운 내용 정리하기
- 책을 읽으면서 내가 경험한 점, 알게 된 점, 느낀 점, 실천해 보고 싶은 점을 기록해 봅시다.</td></tr>
</table>

관련 교육 과정

<table>
<tr><td>공감 소통 역량</td><td>☞ 도덕 5-2-5. 갈등을 해결하는 지혜
[6도02-02] 다양한 갈등을 평화적으로 해결하는 것의 중요성과 방법을 알고, 평화적으로 갈등을 해결하려는 의지를 기른다.</td></tr>
</table>

평가는 이렇게

교육 과정 성취 기준	평가 내용	평가 기준		평가 방법
[6도02-02] 다양한 갈등을 평화적으로 해결하는 것의 중요성과 방법을 알고, 평화적으로 갈등을 해결하려는 의지를 기른다.	다양한 갈등을 평화적으로 해결하는 것의 중요성과 방법을 알고, 공감, 존중, 도덕적 대화를 바탕으로 해결할 수 있다.	상	다양한 갈등을 평화적으로 해결하는 것의 중요성과 방법을 알고, 공감, 존중, 도덕적 대화를 바탕으로 갈등을 적극적으로 해결한다.	서술 관찰
		중	다양한 갈등을 평화적으로 해결하는 것의 중요성과 방법을 알고, 공감, 존중, 도덕적 대화를 바탕으로 갈등을 해결한다.	
		하	다양한 갈등을 평화적으로 해결하는 것의 중요성과 방법을 알고, 공감, 존중, 도덕적 대화를 바탕으로 갈등을 해결하려는 의지가 부족하다.	

4 이렇게 해 봤어요

표지 살펴보기

- 오늘 함께 읽을 책은『사자가 작아졌어!』에요.
- 책의 제목을 보니 어떤 생각이 드나요?
  - 사자가 작아져서 작은 동물들이랑 친해지는 내용 일 거 같아요.
  - 사자가 작아져서 사자가 작은 동물들을 이해하는 내용 같아요.
- 표지를 좀 더 자세히 살펴볼게요. 뭐가 보이나요?
  - 큰 사자가 자고 있는 것처럼 보여요.
  - 작은 쥐가 보여요.
- 그럼 지금부터 사자가 작아진 풀숲에 어떤 일이 일어났는지 한번 우리 함께 읽어볼까요?

그림책 함께 읽기

(아이들과 함께 책을 읽는다.) 사자가 작아졌어 까지 읽기 (멈춤)

- 사자가 자고 일어났는데 어떻게 변했나요?
  - 사자가 작아졌어요.
  - 풀숲도, 개울도 전부 사자보다 커져버렸어요.

(아이들과 함께 책을 읽는다.) 사자는 왜 본인보다 큰 개울을 건넜을까요?

  - 자기가 여전히 크다고 착각해서요.
  - 깊지 않을 거라고 생각하고 당연히 건널 수 있을 거라 생각해서요.
- 사자를 구해준 동물은 무엇일까요?
  - 사슴인 것 같아요.
  - 무슨 동물인지 그림만 봐서는 모르겠어요.
- 이 동물의 이름은 가젤이에요.
  - 아, 주토피아에 나오는 동물이구나.

(아이들과 함께 책을 읽는다.) 만약에 여러분이 가젤이라면 어떻게 행동할까요?

  - 엄마를 빼앗아간 사자를 물에 빠뜨려요.
  - 저라면 사자한테 복수할 거에요.
- 그럼 사자가 가젤을 잡아먹은 것은 잘못일까요?
  - 생태계에서 사자도 살기위해서 어쩔 수 없었어요.
  - 가젤을 잘못은 한 거 같아요.
- 엄마를 빼앗긴 가젤의 마음은 어떨까요?
  - 사자가 자신의 엄마를 잡아먹어서 화가 나고 속상할 거에요.
  - 만약에 내가 가젤이라면 똑같이 복수할 거에요.
- 어떻게 하면 가젤의 화를 풀어줄 수 있을까요?
  - 가젤이 사자를 먹어야 해요.
  - 가젤은 초식동물이라 사자를 먹을 수 없어요.
  - 엄마를 다시 돌려줘야 해요.
  - 가젤한테 새로운 가족을 찾아줘야 할 거 같아요.

(아이들과 함께 책을 읽는다.) 사자가 가젤의 화를 풀어주기 위해 어떻게 행동하고 있나요?

– 뿔에 예쁜 그림을 그려줘서 화를 풀리게 하려고 해요.

– 가젤을 위해 가젤이 좋아할 것 같은 행동을 해요.

• 그런데도 가젤의 마음은 풀리지 않았어요.

• 오히려 가젤은 더 슬퍼졌어요, 마지막에 사자가 뭐라고 했죠?

– 화가 풀리지 않는다면 날 먹으라고 했어요.

• 그 뒷 장면이 어떻게 될 것 같나요?

– 가젤이 진짜 사자를 입에 넣을 것 같아요.

– 사자가 접시위에 누워있을 것 같아요.

– 갑자기 반전으로 사자가 커질 것 같아요.

– 그 말을 듣고 가젤의 화가 풀릴 것 같아요.

(아이들과 함께 책을 읽는다.) 가젤이 눈물을 흘리면서 무슨 말을 했나요?

– 사자를 먹을 수도 없지만, 엄마를 잊을 수도 없다고 했어요.

• 그런 가젤에게 사자는 무엇이라고 했나요?

– 진심으로 가젤의 코를 안으면서 미안하다고 말하고 있어요.

• 이 말을 들은 가젤은 어떤 마음이 들었을까요?

– '얘를 어떻게 해야할까?' 고민이 들 것 같아요.

– 진심으로 사과하는 거 같으니까 사과를 받아줘야 할 것 같아요.

• 미안하다는 말을 하고 난 후 사자와 가젤은 어떻게 되었나요?

– 다시 사자가 커졌어요.

– 사자가 커진 것을 보고 가젤이 도망갔어요.

(아이들과 함께 책을 읽는다.) 사자는 왜 가젤을 향해서 왜 달려가는 걸까요?

– 엄마 죽인 걸 미안하다고 또 미안하다고 이야기하려구요.

–물에 빠진 날 구해줘서 고맙다는 이야기를 하려구요.

• 지금도 아프리카 들판에서는 사자가 가젤을 쫓는 모습을 볼 수 있다죠.

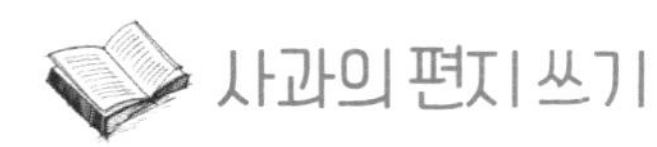

사과의 편지 쓰기

▶ 사과하지 못했던 일들을 떠올리며 사과의 편지를 쓴다.

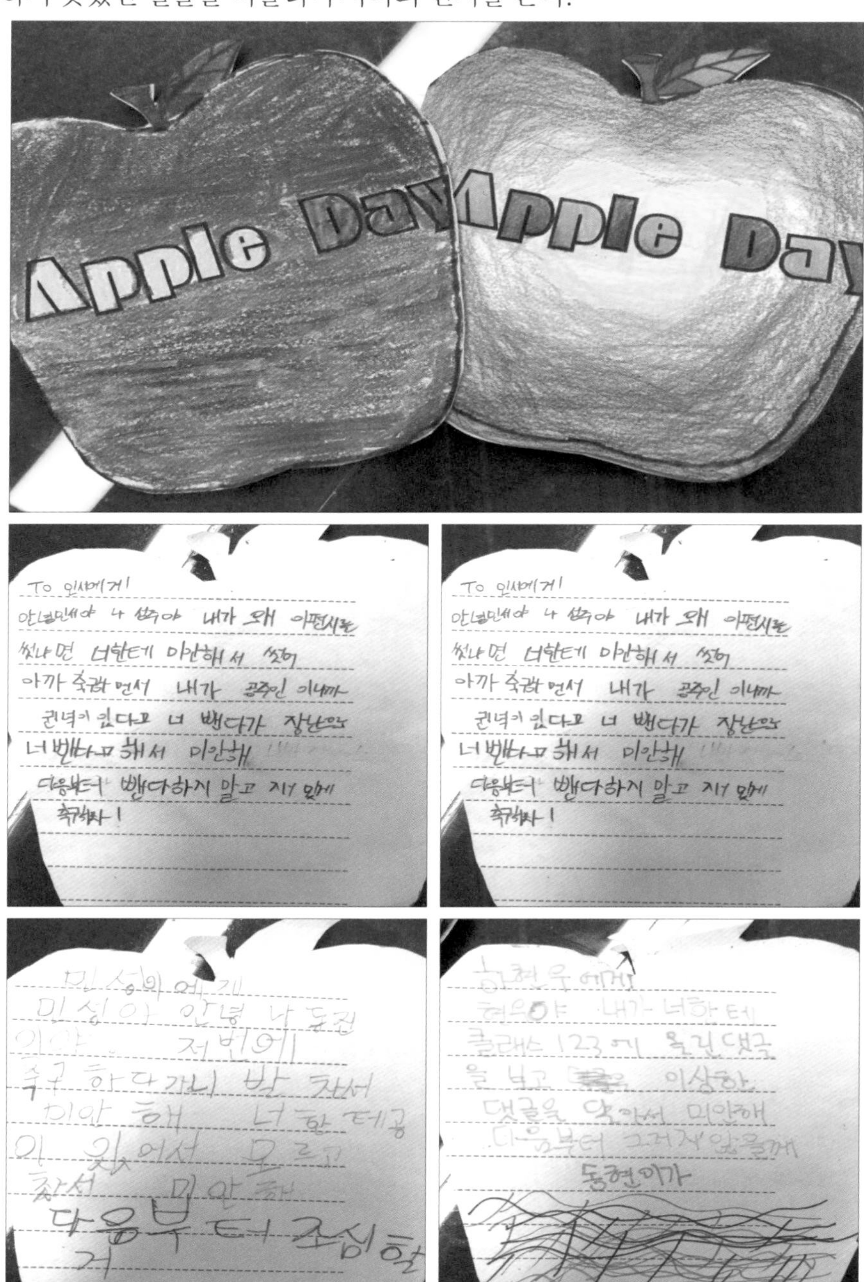

5 활동 소감

아이들 생각

그림책을 읽고

- 나한테 중요한 사람이 아니라고 때리지 않고, 모든 친구들이나 사람들은 자기 가족한테 소중한 존재인 걸 알았다. (준혁)
- 아직 아프리카에 사자와 가젤이 살고 있다는 걸 알았다. (은서)
- 사자가 접시위에 올라가 있을 때 장면이 가장 기억에 남는다. 사자는 포악하고 사나운데 그런 모습을 보니 신기하고 웃겼다. (최동현)
- 사자가 가젤한테 날 먹으라고 이야기한 부분이 엄청나게 대단하다고 생각한다. (성주)
- 사자가 한 번만 용서해 달라고 말하고 계속 가젤한테 뭔가를 해주는 것을 보고 사자가 착한 것 같다고 생각했다. (형준)
- 사자가 날 먹으라고 접시위에 누워있는 장면이 기억에 남았다. 왜냐하면 사자가 진심으로 미안해하는 마음이 느껴지기 때문이다. (예나)
- 사자가 가젤에게 사과를 했지만, 가젤에게 분이 안 풀린 것을 보니, 엄마를 잃은 것이 참 큰 고통인 것 같다. (건)
- 사자가 접시위에서 누워있을 때, 그 장면에서 날 먹으라고 하는 장면이 가장 인상깊다. (경욱)
- 가장 기억에 남는 장면은 사자가 가젤을 안아주면서 “정말 미안해”라고 하는 장면입니다. 사자의 진심이 느껴지기 때문입니다. (혜민)
- 물에 빠진 사자를 구해준 가젤은 양심이 있다. 가젤은 사자의 마음을 이해한다. (현우)
- 사자가 작아졌을 때와 원래 모습의 차이는 있지만, 마음은 같기 때문에 내면만 보고 판단하면 안될거 같다.
- 가장 기억에 남는 장면은 사자가 접시위에 누워있는 장면이다. 사자가 가젤의 엄마를 죽여서 미안한 마음에 나를 먹으라고 하면서 접시위에 올라가 있었기 때문이다.
- 사자가 접시위에 올라갔을 때가 너무 귀여웠다. 그리고 사자가 커진 뒤에도 가젤한테 고맙다고 말하러 가는 것과 가젤 코에 앉아서 미안하다라고 말하는 장면이 감동적이였다. (서영)

- 사자가 진심으로 사과를 했기 때문에 다시 커진 걸까요? (채미)
- 사과는 받을 때까지 하는 것이다. (예원)
- 사자가 가젤을 잡아먹는 것은 사자 입장에선 당연한 것인데도 가젤이 엄마를 잃었다는 것이 슬프다. (도연)
- 가젤아! 너는 엄마를 잃어버렸지만 항상 엄마는 너를 지켜보고 있을거야.
  힘내! 사자야! 너가 용기내서 사과하는 모습이 너무 멋졌어. 가젤은 너의 사과를 받기 싫은게 아니라 엄마를 잃어버린 이유로 속상할 뿐일 거야. 힘내 사자야! (주향)
- 사자가 가젤을 안아줄 때가 가장 기억에 남는다. (동진)
- 우선 가젤의 마음은 못이 박힌 것 마냥 속상했을거야. 사자야, 나는 너가 날 잡아 먹어라는 말과 너가 접시위에 누워있는 장면이 가장 기억에 남았어. 앞으로도 서로 사이좋게 지내! (승민)
- 사자가 가젤을 껴안은 모습이 가장 기억에 남는다. (지연)

선생님 생각

사과는 어렵고 힘이 든다. 아이들과 교실에서 생활하다 보면, 아이들 사이에 크고 작은 문제들이 여럿 생긴다. 금방 사과하면 끝날 일임에도 쉽게 사과하지 못하고 자기변명을 늘어놓는 아이들을 보게 된다. 사과를 할 용기가 부족한 것이다. 자신의 잘못을 인정하는 일에는 용기가 필요하다.

용서는 더 어렵다. 상대방이 용서를 구한다며 하는 말과 행동이 오히려 상처가 되어 돌아오기도 한다. 사과를 구하는 사람의 마음을 받아줄 수 있는 용기가 용서에도 필요하다.

나는 아이들이 이 그림책을 읽고 사과할 수 있는 용기와 용서할 수 있는 용기를 다시 한번 생각해보기를 바란다. 그리고 내가 사자이든, 가젤이든, 무엇이든 서로의 마음을 진심으로 공감하고 소통하며 문제를 해결해나갈 수 있는 용기를 가지기를 바란다.

Chapter 4.

공동체 역량

대구미래역량교육

공동체

1학년 수업

누구나 존재의 이유가 있어!

대구미래역량교육 이야기

공동체 역량은 지역, 국가, 세계 공동체 구성원에게 요구되는 가치와 태도를 가지고 남을 배려하고 함께 행복한 삶을 실천적으로 행동할 수 있는 역량을 말합니다.

1 책 이야기

도서명 까만 크레파스

도서정보
- 글, 그림 : 나카야 미와
- 웅진주니어
- 2002

관련 역량

창의융합적 사고	자기 관리	공감 소통	공동체
			○

내 용

반짝반짝 빛나는 새 크레파스 한 다스. 그중에서 노랑색이 심심하다면서 통을 탈출합니다. 흰 도화지를 보고 그림 그리던 노란 크레파스는 다른 색깔들을 모두 불러다가 멋진 그림을 그립니다. 그 모습을 지켜보던 검정 크레파스가 나는 무얼 그릴까 하자 다른 색깔들이 싫다고 합니다. 속상해하던 검정 크레파스는 샤프의 도움으로 멋진 그림을 완성하게 됩니다. 모두의 힘으로 완성된 불꽃놀이 그림을 보며 크레파스들은 화해하게 됩니다.

핵심 질문

☞ 이 세상이 자기가 좋아하는 색으로 되어 있으면 어떨까요?
☞ 까망이를 처음에 끼워주지 않은 이유는요?
☞ 까망이를 제외한 크레파스 친구들이 싸운 이유는?
☞ 이 이야기에서 어떤 생각이나 느낌이 들었나요?

2 그림책 살펴보기

이 책은 까만 크레파스의 색은 아름다운 그림을 그리는 데 필요 없다고 다른 크레파스들이 그림 그리지 말라고 하면서 까망이를 밀어내는 이야기이다. 크레파스는 모두 같은 크레파스이고 까만색이 필요한 그림을 그려도 될 텐데, 처음에 노랑이는 자기가 하고 싶은 대로 한 상황에 맞춰 친구들을 불러온다. 그리고 그 기준에 되지 않는 까망이는 제외 시켜 버린다.

혼자서 외롭게 속상해 하던 까망이에게 샤프 형이 구원의 손길을 건넨다. 친구들이 싸우는 모습을 보고는 그림 전체가 엉망이 되자 까망이에게 그림을 전체 다 까맣게 칠해버리라고 한 것이다. 다른 크레파스들은 자신이 그린 그림 위에 까망이가 까맣게 덧칠하자 기분이 나빠져서 한 마디씩 하지만, 샤프 형의 도움으로 밤하늘의 멋진 불꽃놀이 그림으로 완성된 것을 보면서 아까 까망이에게 한 말과 행동을 사과하면서 이야기는 끝이 난다.

『까만 크레파스』는 아이들에게 누구든 소중하지 않은 존재는 없으며, 다른 이들을 편견 없이 받아들이고 이해해야 한다는 생각을 전하고 있다. 나와 달라도, 조금 부족해 보여도 세상 누구든 나름대로 잘 할 수 있는 일이 있으며, 서로에게 필요한 존재가 될 수 있다. 그렇게 소중한 서로를 있는 그대로 인정하고 받아들이는 것이 아름답고 조화로운 그림을 완성하게 되는 방법인 것처럼 공동체 구성원으로 서로 받아들이고 함께 할 수 있기를 원하는 마음에서 함께 읽어보았다.

3 수업으로 들어가기

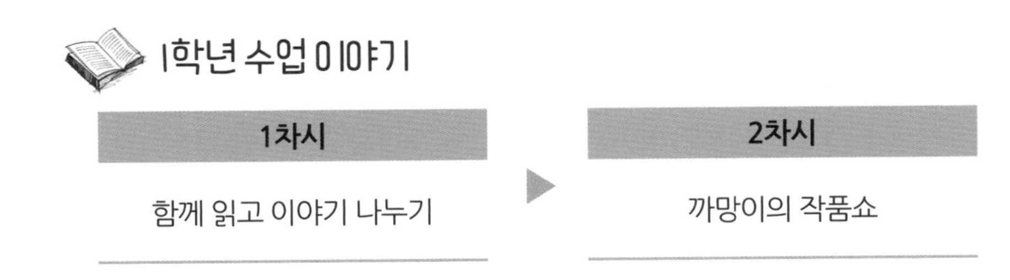

수업흐름

단 계	수 업 내 용
그림책 쳐다보기 (동기유발)	◎『까만 크레파스』 표지 보고 생각 나누기 ▶ 표지부터 보여주면서 아이들과 살펴본다. - 오늘 주인공은 누구인가요? - 다들 표정이 어때요? - 뒷표지를 한번 볼까요? - 무슨 일이 있는지 같이 볼까요?
그림책과 만나기	◎ 그림책 함께 읽기 이 책은 속표지에서부터 이야기가 시작된다. 그래서 속표지의 크레파스들의 표정들을 보면서 같이 이야기 나눈다. ▶ 속표지부터 읽어주기 - 꼭 다르게 행동하는 친구가 있죠? - 여러분은 어떤 색을 좋아하나요? - 그럼 00이가 좋아하는 초록색으로만 되어 있으면 어떨까요? ▶ 노랑이는 자기도 모르게(멈춤) - 사람은 뭔가를 잡으면 종이를 보면 나도 모르게 그리게 되죠? ▶ 그때 까망이가 다가왔어요.……“까망이는 안 그려도 돼.”(멈춤) - 앞표지로 돌려서 색깔들이 크레파스 통을 나왔음을 이야기함. ▶ 끝까지 읽어주기 - 까망이를 처음에 끼워주지 않은 이유는요? - 까망이를 제외한 크레파스 친구들이 싸운 이유는? - 이 이야기에서 어떤 생각이나 느낌이 들었나요?
그림책과 놀기	◎ 공동체 역량 **까망이의 작품쇼** 활동하기 -『까만 크레파스』에 나오는 것처럼 우리도 크레파스 친구들처럼 이런 그림을 그려볼까요? - 스크레치 기법으로 크레파스로 칠하고 샤프로 긁어내어 그림그리고 책 읽으면서 든 생각을 글로 쓰기
갈무리 하기	◎ 배운 내용 정리하기 - 책을 읽으면서 내가 경험한 점, 알게 된 점, 느낀 점, 실천해 보고 싶은 점을 기록해 봅시다.

관련 교육과정

공동체 역량	☞ 국어 1-2-3. 문장으로 표현해요 쓰기 [2국03-02] 자신의 생각을 문장으로 표현한다.

평가는 이렇게

교육과정 성취기준	평가내용	평가기준		평가방법
쓰기 [2국03-02] 자신의 생각을 문장으로 표현한다.	『까만 크레파스』를 읽고 자신의 생각이나 느낌을 구체적인 문장으로 표현할 수 있는가?	상	이야기 상황에 어울리는 자신의 생각을 여러 개의 구체적인 문장으로 표현할 수 있다.	서술 구술
		중	이야기를 읽고 자신의 생각이나 느낌을 구체적인 문장으로 표현할 수 있다.	
		하	자신의 생각과 느낌을 문장으로 표현할 수 있다.	

까만 크레파스 - 공동체 역량	학년 반
까망이의 작품쇼	이름 :

■ 크레파스 친구들처럼 크레파스로 색을 칠한 후 까만 크레파스로 덧칠하고, 샤프로 그림을 그려 보세요.

■ 까망이에게 하고 싶은 말이나, 까만 크레파스를 읽고 든 생각이나 느낌을 글로 표현해 보세요.

4 이렇게 해 봤어요

표지 살펴보기

- 오늘 주인공은 누구인가요?
  - 까만 크레파스에요.
- 다들 표정이 어때요?
  - 다들 좋아요. 그렇지만 까만 크레파스는 힘들어보여요.
  - 끼어들어가고 싶은데 안 끼워줘요. 힘들어보여요.
  - 뚜껑을 들어 올리려고 애쓰고 있어요.
- 뒷표지를 한번 볼까요?
  - 까만 크레파스가 웃고 있어요.
  - 무슨 일이 있는 것 같은데 잘 해결되었나 봐요.
- 무슨 일이 있는지 같이 볼까요?

그림책 함께 읽기

새 크레파스가 있었어요. 노란색이 "아, 심심해."(멈춤)

- 꼭 다르게 행동하는 친구가 있죠?
  - 네. 노란색이 그래요.
  - 파란색은 왜 화를 내고 있어요?
  - 친구들 사이에도 말을 다르게 하는 친구들이 있잖아요.
- 여러분은 어떤 색을 좋아하나요?
  - 분홍색, 초록색, 파랑색
- 그럼 00이가 좋아하는 초록색으로만 되어 있으면 어떨까요?
  - 싫어요. 좀비 같아요. 심심하고 싫어요.

노랑이는 자기도 모르게(멈춤)

- 사람은 뭔가를 잡고 종이를 보면 나도 모르게 그리게 되죠?
  - 선생님 저도 친구랑 모래사장에서 놀다가 나도 모르게 그림을 그렸어요.

– 우리 집 벽에도 그림을 한 가득 그려 놨어요.

– 나비도 있으면 꽃도 있어야지요.

그때 까망이가 다가왔어요.……"까망이는 안그려도 돼."(멈춤)

• 앞 표지를 다시 보여주면서 나온 색들을 보며 크레파스 통에서 색깔들이 모두 나왔음을 이야기 함.

– 까망이도 그릴 거 있는데……. 밤하늘이 까만색이잖아. 밤도 까만색이잖아. 밤은 까만색 아니야?

– 그런데 너무 심해서 낙서가 됐어요.

맨 마지막까지 읽어 주기

– 까망이 머리는 어떻게 해요?

– 너무 작아졌어요.

• 까망이 머리는 날아갔지만, 기분은 어떤가요?

– 좋아보여요.

• 까망이를 처음에 끼워주지 않은 이유는요?

– 까만색이 그림에 어울리지 않는다고 생각해서요.

• 까망이를 제외한 크레파스 친구들이 싸운 이유는?

– 그리다 보니 자기가 그린 그림위에 다른 친구들의 그림이 그려져서 그래요.

• 이 이야기에서 어떤 생각이나 느낌이 들었나요?

– 슬펐어요. 내 생각에는 자기 혼자만 생각하면 안 된다는 것을 느꼈어요.

• 그러면, 우리도 크레파스 친구들처럼 이런 그림을 그려볼까요?

『까망이의 작품쇼』 표현하기

▶ 까만 크레파스에 나오는 스크레치 기법으로 그림그리기

5 활동 소감

아이들 생각

『까만 크레파스』를 읽고 나서

- 까망아, 덕분에 멋진 그림도 보고 그 멋진 그림을 따라해 재미있는 시간을 보내며 다 너 덕분이야. 정말 고마워. (나윤)
- 까만색으로 그린 그림 재미있다.(시은)
- 검은 크레파스야, 너도 할 게 있어. 밤이 제일 잘 어울려. 검은 네가 없으면 밤인 걸 잘 몰라. 그래서 너가 꼭 필요해. 모든 크레파스야. 나는 크레파스들이 정말 좋아. 다음에 또 만나자. (예준)
- 까만 크레파스야. 괜찮아. 너 덕분에 불꽃놀이를 할 수 있어서 재미있었어. 그건 다 너 까만 크레파스 덕분이야. (민재)
- 까망아. 불꽃 그려줘서 고마워. 다음엔 다른 별 그림 그려줘. (해준)
- 까망아, 고마워. 나도 이렇게 그림 그리게 해줘서 재밌었어. (시윤)
- 검은 크레파스야. 너의 색은 안 좋은 게 아니야. 너가 속상하면 내 기분이 나빠져. 그리고 너도 좋은 색이야. 넌 할 수 있어. (보민)
- 그때 너무 속상했겠다. 보는 나도 화나려고 그러고 속상했어. 나도 까만 크레파스 너처럼 그러면 정말 마음이 속상할 거 같아. 나도 친구들에게 소리 안 지르고 할게. (도희)
- 까망아, 너가 없었으면 폭죽놀이도 못했을 거야. 너는 소중한 사람이야. 이 세상에 필요 없는 게 없어.
- 검은 크레파스야. 그때 많이 슬펐지? 안 그래? 같이 놀자. 사랑해. 이 책을 읽을때는 슬픔을 느꼈어. 그래서 나는 너에게 같이 놀자라는 격려의 말을 해 주고 싶어. (재혁)
- 넌 소중한 사람이야. 세상에 필요 없는 사람이나 물건은 없어. 너가 먼저 다가가면 같이 할 수 있을거야. (수진)
- 까만 크레파스만 그림을 못 그려서 속상할 거 같아요. 까만 크레파스 때문에 폭죽을 볼 수 있었어요. 폭죽놀이 보여줘서 고마워. 그런데 까맣게 칠하느라고 힘들었겠다.

나도 칠해보니 힘들었어. (준혁)

- 친구들에게 좋은 걸 보여주려고 노력하면 친구가 많이 생겨. 넌 그걸 했으니 친구들이 널 좋아하는 거야. 넌 충분히 사랑 받을 수 있는 사람이야. (지현)
- 까만 크레파스야! 혼자 색칠 못 해 슬펐겠다. 하지만 네 덕분에 멋있는 폭죽놀이를 했잖아. 그러니까 이제 친구들이랑 친하게 지내야 해. 다음에는 밤을 주제로 해서 그려봐. 그럼 네 역할이 많아질 거야. (승미)
- 친구들에게 말을 예쁘게 해야 해. 까만 크레파스도 그림을 그릴 수 있는데 그리면 안 된다고 하면 속상해지잖아. (지윤)
- 까망아, 고마워. 너 때문에 그림을 예쁘게 그릴 수 있게 되었어. 그래서 내 기분이 좋아. (하은)
- 검정색도 좋다는 것, 검정색도 망치지 않는다는 것, 검정색으로도 예쁜 거 만들 수 있다는 것을 알았다. (찬엽)
- 까망아, 너가 나오는 걸 봤어. 너가 그린 것처럼 나도 이 작품을 했어. 그래서 고마워. 그리고 내 도움이 필요하면 언제든 이야기 해. 도와줄게. (주아)

선생님 생각

까만 크레파스를 보면 다른 크레파스들은 행복해 보이고 까만 크레파스만 유독 애쓰고 힘들어 보인다. 까만 크레파스의 소심함 때문에 그럴 수도 있지만, 다른 크레파스들이 까만 크레파스와 함께 하기보다는 자기 생각만 먼저 해서 끼워주지 않는 부분도 분명히 있다. 크레파스 세상에서의 이런 일처럼 아이들 속에서도 마음에 드는 친구들과 그렇지 않은 친구들에게 대하는 태도가 다르다.

다 같이 함께 했을 때 더 멋진 그림을 그릴 수 있는 것처럼 누구에게나 존재의 이유가 있다는 것, 그리고 먼저 선입견을 가지고 대하거나 제외하지 말고 모두가 행복해 지는 방향을 생각해 본다면 좀 더 행복해지지 않을까 한다.

대구미래역량교육

공동체

1학년 수업

모두 나처럼 말하면?

대구미래역량교육 이야기

공동체 역량은 지역, 국가, 세계 공동체 구성원에게 요구되는 가치와 태도를 가지고 남을 배려하고 함께 행복한 삶을 실천적으로 행동할 수 있는 역량을 말합니다.

1 책 이야기

● 도서명 모두 너처럼 말하면 어떻게 되겠니?

● 도서정보
- 글 : 엘렌 재버닉, 그림 : 콜린 매든
- 크레용하우스
- 2018

● 관련 역량

창의융합적 사고	자기 관리	공감 소통	공동체
			○

● 내 용

공원에서 아이들이 같이 놀자고 했습니다. 나는 대답했어요. "남자는 안 돼."

미술 시간에는 친구들 그림을 보며 비웃었습니다. "이게 강아지야? 내 눈엔 아닌 것 같은데?"

안경을 쓰고 온 친구를 놀리며 말했습니다. "너 완전 못생겼다!"

그러자 선생님과 친구들, 엄마가 물었습니다. "모두 너처럼 말하면 어떻게 되겠니?"

만약 다른 친구가 나처럼 말한다면 나는 그 친구가 싫을 것 같습니다. 내가 계속 이렇게 말하면 나는 혼자가 되고 말 겁니다. 이제부터는 친구의 기분을 생각하며 말할 수 있도록 노력할 겁니다.

● 핵심 질문

☞ 모두 너처럼 말하면 어떻게 되겠니? 제목은 무슨 뜻일까?

☞ 말을 하는 친구와 듣는 친구의 표정은 어떨까? 마음은 어떠할까?

☞ 모두 나처럼 말하면 어떻게 될까? 세상을 행복하게 하는 말은?

2 그림책 살펴보기

모두 그렇게 말하면 어떻게 될까?

이 책은 우리가 하는 말이 얼마나 중요한지, 말이 가진 크나큰 힘을 알 수 있게 해 주는 책이다.

'말만 잘하면 천 냥 빚을 갚는다.' 라는 속담이 있다. 말을 잘하는 것은 엄청난 빚을 없앨 만큼 중요하다는 뜻이다. 말은 우리 생활에 큰 영향을 끼친다. 상대방을 기분 좋게 만들 수도, 기분 나쁘게 할 수도 있으니깐 말이다. 책을 읽으며 스스로 친구들에게 어떻게 말하고 있는지 생각해 볼 수 있다. 내가 실수로 내뱉은 말이 친구에게는 큰 상처가 되었을지도 모른다.

친구가 그린 그림을 비웃거나 친구의 모습을 놀리거나 친구를 속이려고 거짓말해 본 적 있는가? 혹은 친구가 한 말에 속상하거나 화가 난 적이 있지 않은가? 만약 모두 상대방의 기분을 생각하지 않고 말한다면 이 세상은 어떻게 될까?

책 속의 주인공은 모두 자기처럼 말하면 어떻게 될지를 가만히 생각해 본다. 그러다 친절하게 말하면 말하는 사람도 듣는 사람도 행복해질 거라는 사실을 깨닫게 된다. 모두 친절하게 말한다면 이 세상은 훨씬 따뜻해질 것이다.

말은 마음을 담는 그릇이라고 한다. 말을 예쁘게 하면 마음도 덩달아 아름다워진다. 친구에게 같이 놀기 싫다고 말할 수는 있다. 자기 생각과 감정을 표현하는 것은 잘못이 아니다. 하지만 조금 더 친절하게, 친구가 상처받지 않도록 말하는 것은 굉장히 중요하다. 모두 친절하게 말한다면 이 세상은 훨씬 따뜻해질 것이다. 다 함께 읽고 이야기해보면 좋을 것 같다.

짧은 문장을 사용한 명료한 문체로 말이 가지는 힘을 확실하게 전달하는 책이다. 또한 사실적이고 밝은 그림은 아이들이 흔히 겪는 일상적인 상황을 생생하게 공감할 수 있도록 그려졌다. 유아부터 초등학교 저학년까지 읽을 수 있는 소재로, 함께 보면서 우리가 하는 말이 얼마나 중요한지 배울 수 있으면 좋겠다.

3 수업으로 들어가기

1학년 수업 이야기

1차시		2차시
함께 읽고 이야기 나누기	▶	모두 나처럼 말하면?

수업흐름

단 계	수 업 내 용
그림책 쳐다보기 (동기유발)	◎『모두 너처럼 말하면 어떻게 되겠니?』 표지 보고 생각 나누기 ▶ 표지부터 보여주면서 아이들과 살펴본다. - 책의 제목은 무슨 뜻일까요? - 말을 하는 친구와 듣는 친구의 표정은 어떠한가요? - 여러분은 친구에게 어떻게 말하나요? 모두 그렇게 말하면 어떻게 될까요? 다 함께 읽고 이야기해 봐요!
그림책과 만나기	◎ 그림책 함께 읽기 ▶ 앞 면지 보여주고 읽어주기 (아이들과 함께 책을 읽는다.) "이게 강아지야? 내 눈엔 아닌 것 같은데?" 나는 친구들을 비웃었어요. (멈춤) - 이 친구의 표정은? ▶ "모두 너처럼 말하면 어떻게 되겠니?" 까지 읽어주기 - 미술 선생님이 왜 이렇게 말씀하셨을까? - 방금 친구의 말을 들은 친구들은 어떤 생각을 했을까? ▶ 가장 아끼는 물건에 대해 이야기를 나누는 시간. "나 먼저! 나 먼저 말할래!" 까지 책 읽어주기 - 모두 이 친구처럼 말하면 어떻게 될까? - 동시에 7명의 친구가 말하면 어떻게 될까? ▶ 옆집에 새로운 아이가 이사를 왔어요. "난 친구가 많아. 그러니까 너랑 놀지 않을 거야."까지 읽어주기 - 아이들 반응을 살펴본다. ▶ 다음 날 친구에게 "어제 심하게 말해서 미안해. 우리 친구하자." 까지 읽어주기

단 계	수 업 내 용
그림책과 만나기	- 모두 이렇게 말하면 어떻게 될까? ▶ 끝까지 읽어주기
그림책과 놀기	◎ 공동체 역량 모두 나처럼 말하면? 활동하기 - 모두 나처럼 말하면 어떻게 될까? 세상을 행복하게 하는 이야기를 해보자. - 그 말을 들은 친구의 표정을 그림으로 그려보자. - 어깨짝토의로 친구들과 이야기 나눈다.
갈무리 하기	◎ 배운 내용 정리하기 - 책을 읽으면서 내가 경험한 점, 알게 된 점, 느낀 점, 실천해 보고 싶은 점을 기록해 봅시다.

관련 교육 과정

공동체 역량	☞ 국어 6. 고운 말을 해요 듣기·말하기 [2국01-06] 바르고 고운 말을 사용하여 말하는 태도를 지닌다.

평가는 이렇게

교육 과정 성취 기준	평가 내용	평가 기준		평가 방법
듣기 · 말하기 [2국01-06] 바르고 고운 말을 사용하여 말하는 태도를 지닌다.	듣는 사람의 기분을 생각하며 바르고 고운 말을 사용하여 문장으로 표현할 수 있는가?	상	듣는 사람의 기분을 생각하며 바르고 고운 말을 사용하여 문장으로 표현할 수 있다.	서술 관찰
		중	바르고 고운 말을 사용하여 문장으로 표현할 수 있다.	
		하	고운 말을 사용하여 표현할 수 있다.	

모두 너처럼 말하면 어떻게 되겠니? - 공동체 역량	학년　　반
세상을 행복하게 하는 말	이름 :

■ 모두 나처럼 말하면 어떻게 될까요? 세상을 해복하게 하는 이야기를 해 봅시다. 그리고 그 말을 들은 친구의 표정을 그림으로 그려봅시다.

<모두 나처럼 말하면 어떻게 될까?>

<친구의 표정>

4 이렇게 해 봤어요

표지 살펴보기

- 오늘 함께 읽을 책은 『모두 너처럼 말하면 어떻게 되겠니?』예요.
- 책의 제목은 무슨 뜻일까요?
  - 좋은 뜻인지 나쁜 뜻인지 모르겠어요.
- 말을 하는 친구와 듣는 친구의 표정은 어떠한가요?
  - 주인공 주변에 친구들 표정이 이상해요. 뭔가 화가 난 것 같아요.
  - 잘 모르겠다는 표정이에요.
  - 계단에 강아지랑 나무 위에 다람쥐 표정도 화가 난 것 같아요.
- 여러분은 친구에게 어떻게 말하나요? 모두 그렇게 말하면 어떻게 될까요?
  다 함께 읽고 이야기해 봐요!

그림책 함께 읽기

▶ 앞 면지와 표지를 번갈아 보여주고 읽어주기

- 면지의 색깔이 새파란 색이에요. '너처럼 말하면' 글자 색깔도 같은 파란색이에요.
  파란색에서 차가운 느낌이 나요.

(아이들과 함께 책을 읽는다.) "이게 강아지야? 내 눈엔 아닌 것 같은데?"
나는 친구들을 비웃었어요. (멈춤)

- 이 친구의 표정은 어떠한가요?
  - 눈썹이 위로 올라가고 입술을 삐죽이고 있어요.

"모두 너처럼 말하면 어떻게 되겠니?" 까지 읽어주기

- 미술 선생님이 왜 이렇게 말씀하셨을까요?
  - 친구들을 비웃는 말을 하는 친구 때문에 속상해서요.
- 방금 친구의 말을 들은 친구들은 어떤 생각을 했을까요?
  - 내 그림을 보잘 것 없어. 난 정말 미술에 소질이 없구나. 앞으로 다시는 그림 안 그리고
    싶어... 처음에는 화가 나고, 나중에는 자신감이 없어질 것 같아요.

가장 아끼는 물건에 대해 이야기를 나누는 시간. "나 먼저! 나 먼저 말할래!" 까지 책 읽어주기

모두 이 친구처럼 말하면 어떻게 될까요?

- 7명의 친구가 동시에 말하면 어떻게 될까요?
  - 엄청 시끄럽고, 그래서 아무 소리도 안 들릴 것 같아요. 내가 말하는데 아무도 들어주지 않으면 속상하고, 존중받지 못하는 느낌이 들 것 같아요.

옆집에 새로운 아이가 이사를 왔어요. "난 친구가 많아. 그러니까 너랑 놀지 않을 거야."까지 읽어주기

- 아이들 반응을 살펴본다.
  - 너무 못된 말을 했어요.
  - 그런 말을 들으면 정말 속상할 것 같아요.

다음 날 친구에게 "어제 심하게 말해서 미안해. 우리 친구하자." 까지 읽어주기

- 모두 이렇게 말하면 어떻게 될까요?
  - 기분이 좋을 것 같아요. 친구가 생겨서 기뻐요.

▶ 끝까지 읽어주기

- 모두 행복해지겠죠!

모두 나처럼 말하면? 표현하기

▶ 모두 나처럼 말하면 어떻게 될까요? 세상을 해복하게 하는 이야기를 해 봅시다. 그리고 그 말을 들은 친구의 표정을 그림으로 그려봅시다.

5 활동 소감

아이들 생각

모두 나처럼 말하면 어떻게 될까? 세상을 행복하게 하는 이야기를 해보자.

– 친구야, 아까 말이 너무 심했지? 미안해. 같이 놀자. (찬우)
– 친구야, 나랑 같이 소꿉놀이하자. 난 니가 정말 좋아. (가연)
– 친구야, 고마워. 친구야, 멋있어. (한울)
– 친구야, 같이 놀래? (유경)
– 우리 같이 놀자. 가서 모래성 쌓자. (지윤)
– 나랑 같이 놀자. 나랑 친구 할래? 축구 같이 하자. (재우)
– 친구야, 내가 어제 미안해. 우리 나가서 놀래? (다빈)
– 친구야, 우리 사이좋게 놀자. 어제 내가 너무 심했어. 사이좋게 지내자. (예준)
– 나랑 놀이터 가서 놀자. 축구 같이 하자. (동건)
– 친구야, 우리 같이 사이좋게 놀자. 더 친하게 지내자. 사랑해. (채이)
– 친구야, 같이 놀자. 우리 장난감 가지고 놀래, 자전거 타고 놀래? (혁우)
– 어제 너무 미안해. 우리 친구 하자. 고양이 이름 지어주자. 음~ 초코 어때? 히히. 내 자전거 빌릴래? 너 머리 예쁘다. 같이 샌드위치 먹자. (시연)
– 와~ 고양이 인형 정말 귀엽다. (민지)
– 친구야 사이좋게 놀자. 같이 놀자. 친구야, 사랑해. (현진)
– 애들아, 같이 놀자! 감사합니다! 초콜릿 주셔서! 행복이 가득 좋은 말. (채민)
– 친구야, 멋지다. 친구야, 줄넘기 같이 할래? (민욱)

책을 읽고 난 뒤 내 생각은?

– 친구에게 못된 말이나 이야기를 하면 친구가 속상하고 친구가 없어져요. (가연)
– 나는 나쁜 말을 쓰지 않고 좋은 말을 쓰겠다고 다짐하겠습니다. (한울)
– 나쁜 말을 하면 다시 나한테 돌아올 것 같습니다. (동건)
– 책 속의 친구가 이제 잘 지냈으면 좋겠다. (시연)
– 나도 앞으로 나쁜 말을 하지 않고 착해져야겠다. (현진)

– 다른 친구들이 고운 말을 썼으면 좋겠습니다. 저도 좋은 말을 쓰겠습니다. (서진)

선생님 생각

『모두 너처럼 말하면 어떻게 되겠니?』라는 책을 보면서 '나쁜 어린이표' 라는 책이 생각났다. 다른 친구를 속상하게 하는 말을 골라서 하는 주인공의 말과 친구들의 반응, 그리고 엄마와 선생님의 "너처럼 말하면 어떻게 되겠니?"라며 반복되는 말을 우리반 아이들과 큰 소리로 따라 읽곤 했다. 서로 말하지 않아도 책을 보는 아이들이 모두 같은 마음이다. 뾰족하고 상처 주는 말을 하는 주인공을 보며 나의 언어 생활을 되돌아보는 모습을 본다. 바르고 고운 말은 돌고 돌아 결국 나에게 되돌아온다는 것을 아이들이 스스로 찾아내는 모습이 참 기특했다.

대구미래역량교육

공동체

2학년 수업

모두 다른데 어떡하지?

대구미래역량교육 이야기

공동체 역량은 지역, 국가, 세계 공동체 구성원에게 요구되는 가치와 태도를 가지고 남을 배려하고 함께 행복한 삶을 실천적으로 행동할 수 있는 역량을 말합니다.

1 책 이야기

도서명 파란 도시

도서정보
- 글, 그림 : 마르코 비알레
- 스콜라
- 2016

관련 역량

창의융합적 사고	자기 관리	공감 소통	공동체
			○

내 용

『파란 도시』는 모든 것이 파란색으로 이루어진 도시에 사는 파란 늑대들의 이야기입니다. 파란색 찻잔에 차를 마시고 파란색 펜을 사용하고 매일 똑같이 살아가는 파란 도시에 어느 날 새빨간 자전거를 탄 빨간 늑대가 휘파람을 불며 나타납니다. 빨간 늑대의 등장으로 파란 도시는 혼란에 휩싸이게 됩니다. 파란 늑대가 빨간 늑대를 받아들이는 모습을 통해, 모두가 똑같지 않아도 불안해할 필요가 없음을 알려 줍니다.

핵심 질문

☞ 파란 늑대들은 왜 배가 아팠을까?
☞ 빨간 늑대가 와서 무엇이 달라졌을까?
☞ 내가 달라진 것은 무엇일까?

2 그림책 살펴보기

이 책은 새파랗다고 표현해야 할 정도로 파란 늑대들만 사는 파란 도시에 대한 이야기이다. 파란 도시는 모든 것이 정해진 대로 움직인다. 모두가 같은 시간에 일어나서 파란 넥타이를 매고, 같은 시간에 집을 나와 같은 속도로 일터로 나간다. 이런 파란 늑대들은 계획에 없는 뜻밖의 일이 벌어지는 것을 좋아하지 않는다. 파란 늑대들은 모두 똑같이 움직이고 정해진 시간에 정확히 오줌을 누고 같은 시간에 출근했다. 낮잠을 자거나 깡충깡충 뛰거나 물 수제비 뜨기 시합 같은 쓸모없는 일에는 일분일초도 허비하지 않았다. 그렇다 보니, 배가 자주 아팠다.

그런데 어느 날 규칙대로 살아가는 늑대들을 혼란에 빠트리는 일이 일어난다. 파란 도시에서는 본 적 없는 빨간 늑대가 나타난 것이다. 빨간 늑대의 등장으로 다른 하루를 경험한 파란 늑대들은 당황해서 회의까지 열지만, 자전거를 타고 휘파람까지 부는 빨간 늑대를 말릴 규정도 법도 없었다. 파란 늑대들은 거부감을 드러내지만 빨간 늑대는 아랑곳하지 않는다. 빨간 늑대는 한 손으로 자전거를 타고 하늘을 나는 꿈을 꾸고 휘파람을 불 줄 알았다. 쓸모없어 보이기만 하는 휘파람이 가치 있다고 설득하는 빨간 늑대는 행복해 보이기까지 했다. 파란 늑대들은 그런 빨간 늑대에게 호기심을 느끼게 된다. 그리고 파란 늑대들도 하나둘 휘파람 부는 법을 배우고 싶어 하며 달라지기 시작한다.

각자 자기가 좋아하는 색 펜으로 글씨를 썼고 차와 커피를 각기 다른 찻잔에 마셨고 식탁보도 상황에 맞게 골랐다. 무지개는 파란색만이 아니라 여러 색으로 그렸고 오줌이 마려울 때는 웃으면서 소변을 보았다.

파란 도시의 파란 늑대들은 자신들만의 규칙에서 벗어나는 행동이나 사물에서 불편함을 느꼈다. 누구나 다른 것을 받아들이고 새로운 것을 경험하는 것은 두렵거나 불안한 일일 수도 있기 때문이다. 그러나 다름을 받아들이는 과정을 통해 자신만의 개성을 찾아가게 된다.

『파란 도시』에서는 빨간 늑대의 등장을 통해 기존의 것만 고집하기보다는 대립과 화해를 통해 '다름' 을 받아들이고 인정하게 된다. 바로 고정관념에서 벗어난 행동이나 사물 등에서 새로운 가치를 발견할 수 있다는 것을 보여 준다. 그것은 빨간 늑대가 사라지고 노란 늑대가 나타났을 때, 파란 늑대들의 기대감 어린 태도에서도 알 수 있다. 이제 파란 도시는 다양한 색깔을 받아들며 여러 빛깔을 내는 도시로 바뀌어 가게 될 것이다. 아이들도 공동체 안에서 '다름' 을 받아들이고 새로운 가치를 발견할 때 공동체는 알록달록하게 빛날 수 있다는 것을 알려주고 싶다.

3 수업으로 들어가기

2학년 수업 이야기

1차시		2차시
함께 읽고 이야기 나누기	▶	알록달록 우리 반 도시

수업흐름

단 계	수 업 내 용
그림책 쳐다보기 (동기유발)	◎『파란 도시』 표지 보고 생각 나누기 ▶ 표지부터 보여주면서 아이들과 살펴본다. - 왜 책의 제목이 '파란 도시'일까요? - 파란색으로만 되어있는 도시에서 살면 어떨까요? - 파란 도시에 무슨 색이 섞여 있나요? - (속표지를 보여주며) 뭐가 달라졌나요?
그림책과 만나기	◎ 그림책 함께 읽기 이 책은 세 가지 색상으로 대비되며 갈등과 대비의 아름다움이 표현된 책이다. 색상과 그림을 자세히 살펴보도록 한다. ▶ 앞 면지 보여주고 속표지부터 읽어주기 (아이들과 함께 책을 읽는다.) 일터로 나갔어요. (멈춤) - 늑대들은 무엇을 좋아하지 않나요? - 늑대들의 표정은? ▶ 배가 자주 아팠어요. 까지 읽어주기 - 빨간 늑대는 어떤 점이 다른가요? - 파란 도시는 왜 혼란에 빠졌나요? - 나와 다른 사람을 이상하다고 생각한 적이 있나요? - 파란늑대들은 왜 배가 아팠을까요? ▶ 불고 싶을 때만 부는 거지요. 까지 읽어주기 - 쓸모없어 보이던 휘파람의 좋은 점이 있었나요? - 나와 다른 사람의 행동에도 배울 점이 있나요? ▶ 배가 아픈 늑대는 하나도 없었어요. 까지 읽어주기

단 계	수 업 내 용
그림책과 만나기	- 늑대들은 어떻게 했나요? - 파란 늑대들은 빨간 늑대를 어떻게 생각할까? ▶ 끝까지 읽어주기
그림책과 놀기	◎ 공동체 역량 알록달록 우리 반 도시 활동하기 - 친구들의 다른 점을 써보고 여러 색깔로 나타내봅시다. - 친구들과 함께 생활하며 배우게 된 점이나 달라진 점을 쓴다. - 주제 돌림 말하기로 친구들과 이야기 나눈다.
갈무리 하기	◎ 배운 내용 정리하기 - 책을 읽으면서 내가 경험한 점, 알게 된 점, 느낀 점, 실천해 보고 싶은 점을 기록해 봅시다.

관련 교육 과정

공동체 역량	☞ 국어 10. 칭찬하는 말을 주고받아요. 쓰기[2국03-03] 주변의 사람이나 사물에 대해 짧은 글을 쓴다. 듣기·말하기[2국01-06] 바르고 고운 말을 사용하여 말하는 태도를 지닌다.

평가는 이렇게

교육 과정 성취 기준	평가 내용	평가 기준		평가 방법
쓰기 [2국03-03] 주변의 사람이나 사물에 대해 짧은 글을 쓴다. 듣기·말하기 [2국01-06] 바르고 고운 말을 사용하여 말하는 태도를 지닌다.	주변 친구들이 달라서 내가 배우게 된 점을 구체적인 문장으로 표현할 수 있는가?	상	바르고 고운 말을 사용하여 나와 다른 주변 친구들에 대한 자신의 생각을 바탕으로 내가 배우게 된 점을 구체적인 문장으로 표현할 수 있다.	서술 구술
		중	바르고 고운 말을 사용하여 나와 다른 주변 친구들에 대한 자신의 생각을 바탕으로 내가 배우게 된 점을 문장으로 표현할 수 있다.	
		하	바르고 고운 말을 사용하는데 어려움을 겪으며 나와 다른 주변 친구들에 대한 자신의 생각을 바탕으로 내가 배우게 된 점을 문장으로 표현하는데 도움이 필요하다.	

파란 도시 - 공동체 역량	학년 반
알록달록한 우리 반 도시	이름 :

◈ 우리 반 친구들이 나와 다른 점을 써 봅시다.

1	
2	
3	
4	
5	

◈ 모두 다른 우리 반을 알록달록하게 표현하고 설명을 적어 봅시다.

<알록달록 친구들>

알록달록한 우리 반에서 배울 수 있는 것은?

4 이렇게 해 봤어요

표지 살펴보기

- 오늘 함께 읽을 책은『파란 도시』입니다.
- 파란 도시라는 책 제목이 보이나요? 왜 파란 도시일까요?
  - 온통 파란색일 것 같아요.
- 파란색으로만 되어있는 도시에서 살면 어떨까요?
  - 신호등도 없고 음식도 맛없어 보여요. / 물건 찾기도 어렵고 답답할 것 같아요.
- 파란 도시에 무슨 색이 섞여 있나요?
  - 빨간 자전거가 보여요.
- (속표지를 보여주며) 뭐가 달라졌나요?
  - 빨간 늑대가 생겼어요.
- 무슨 일이 일어났는지 우리 함께 읽어볼까요?

그림책 함께 읽기

(아이들과 함께 책을 읽는다.) 일터로 나갔어요. (멈춤)

- 늑대들은 무엇을 좋아하지 않나요?
  - 하던 대로 하지 않고 벗어나는 것이요.
- 늑대들의 표정은?
  - 별로 기분이 안 좋아 보여요. 답답한가 봐요.

배주 자주 아팠어요. 까지 읽어준다.

- 빨간 늑대는 어떤 점이 다른가요?
  - 행복하고 웃고 자전거 타고 휘파람 불어요.
- 파란 도시는 왜 혼란에 빠졌나요?
  - 빨간 늑대를 처음 만나서요.
- 나와 다른 사람을 이상하다고 생각한 적이 있나요?
  - 친구가 밥을 너무 많이 먹어요. / 자꾸 어디 올라가요.

• 파란늑대들은 왜 배가 아팠을까요?

– 다른 것을 본 적도 없고 그냥 해야 하는 대로해서요.

불고 싶을 때만 부는 거지요. 까지 읽어주기

• 쓸모없어 보이던 휘파람의 좋은 점이 있었나요?

– 무서움도 사라지고 뜨거운 음식도 식힐 수 있어요.

• 나와 다른 사람의 행동에도 배울 점이 있나요?

– 장난치는 친구들 보면서 즐겁게 노는 법을 배웠어요.

배가 아픈 늑대는 하나도 없었어요. 까지 읽어주기

• 늑대들은 어떻게 했나요?

– 자유롭게 무지개도 색칠하고 차도 골랐어요.

• 파란 늑대들은 빨간 늑대를 어떻게 생각할까요?

– 처음에는 혼란스러웠지만 알게 되어 다행이라고 생각할 것 같아요.

 알록달록 우리 반 도시 표현하기

▶ 친구들의 다른 점을 쓴 뒤 여러 색깔로 나타내고 알록달록한 우리 반에서 배울 수 있는 점을 써 봅시다.

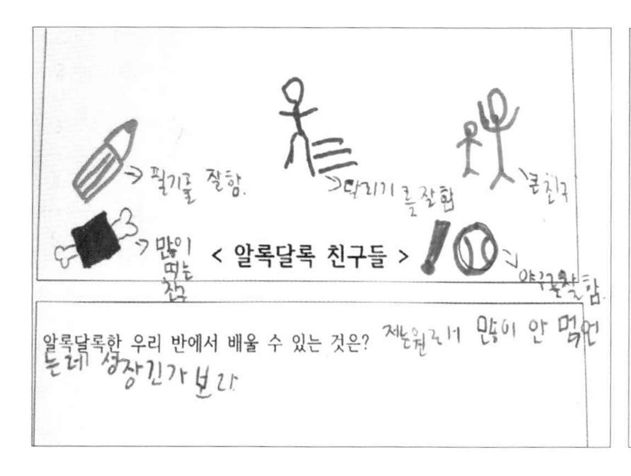

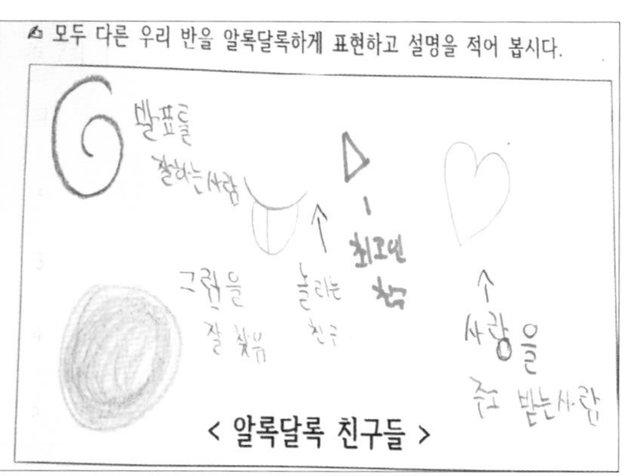

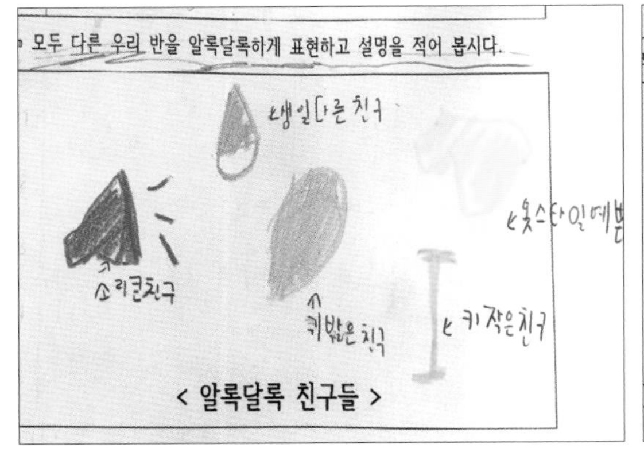

평가 - 알록달록 우리반 발표하기

▶ 친구들과 함께 생활하며 배우게 된 점이나 달라진 점 발표하기

– 자신의 생각을 문장으로 표현했는지 평가함.

5 활동 소감

아이들 생각

알록달록 우리반은?

- 사랑주기를 좋아하는 친구가 있어서 나도 따뜻하게 하는 방법을 알았다. (소윤)
- 진하게 색칠하는 것만 알았었는데 다양하게 색칠하는 친구를 만났다. (이안)
- 게임을 적당히 즐겁게 하는 친구를 보고 배웠다. (유주)
- 나는 집돌이였었는데 밖에서 뛰어노는 친구를 만나서 나가놀았다. (시훈)
- 장난 잘 치는 친구를 만나서 적당한 장난이 뭔지 알았다. (준우)
- 축구 열심히 하는 친구를 만나서 드리블이 많이 늘었다. (동현)
- 철봉을 오를 때 발로 디뎌서만 올라가는데 친구에게 점프를 배웠다. (시온)
- 귀가 밝은 친구가 있어서 너무 큰 소리로 말하면 안 된다는 점을 배웠다. (서현)
- 함께 놀려고 인형을 가져온 친구에게 머리 땋는 법을 배웠다. (소담)

선생님 생각

파란 도시라는 책을 보면서 다른 사람을 겁내거나 거부할 필요는 없다고 했다. 처음에는 혼란스럽고 마찰도 있을 수 있지만 그 다름을 받아들이고 섞일 때 우리는 새로운 빛깔을 갖게 된다. 다름을 새로움으로 느끼고 그 경험을 자신만의 가치로 재해석하면 나만의 개성이 될 수 있다. 그 빛깔이 다양하게 함께 할수록 우리 반이 성장할 수 있다는 점을 아이들 스스로 깨달을 수 있었다.

대구미래역량교육

공동체

4학년 수업

힘이 되는 한마디?

대구미래역량교육 이야기

공동체 역량은 지역, 국가, 세계 공동체 구성원에게 요구되는 가치와 태도를 가지고 남을 배려하고 함께 행복한 삶을 실천적으로 행동할 수 있는 역량을 말합니다.

1 책 이야기

● 도서명 가시소년

● 도서정보
- 글 : 권자경, 그림 : 송하완
- 리틀씨앤톡
- 2012

● 관련 역량

창의융합적 사고	자기 관리	공감 소통	공동체
			○

● 내 용

가시가 뾰족뾰족 나 있는 소년이 친구들을 쳐다봅니다. 금방이라도 화를 낼 것 같은 불만스러운 표정을 짓고 있습니다. 아니나 다를까 친구들에게 다가가 큰소리를 치면서 가시를 뱉어냅니다. 가시 돋친 말을 하면서 친구들에게 화를 내는 거죠. 소년은 가시로 찔러서 친구들을 울리기도 합니다.

이 책은 가시 돋친 말을 쏟아내는 주인공 가시소년이 마음 속 가시를 감추는 방법과 다스리는 방법을 터득할 수 있도록 안내하는 그림책입니다.

● 핵심 질문

☞ 왜 소년은 가시투성이가 되었을까?
☞ 가시는 언제 생기는 걸까?
☞ 가시소년의 속마음을 어땠을까?
☞ 내 마음속에 있는 가시는 무엇인가?
☞ 가시를 빼기 위해 어떤 격려의 말을 해 줄 수 있을까?

2 그림책 살펴보기

이 책의 표지를 살펴보면 가시가 뾰족뾰족 나 있는 소년이 친구들에게 다가가 큰소리를 치면서 가시를 뱉어내고 친구들은 도망가는 장면이 나온다. 소년은 왜 가시투성이가 되었을까? 소년의 가시는 언제 생기는 걸까?

친구들이 자신만 빼놓고 즐겁게 노는 것 같았던 가시소년은 소외감을 느꼈고, 그 외로운 마음이 가시가 되어서 뾰족하게 나오기 시작했다. 내 마음은 몰라주고 혼내는 선생님이 미워서 가시가 크게 자랐다. 그리고 나보다 더 큰 소리로 싸우는 엄마, 아빠를 보고 가시는 더 날카로워졌다. 이렇게 가시는 매일 자라났고 가시소년은 더 크고 날카로운 가시를 가지면 아무도 자신을 외롭고, 불안하고, 두렵게 만들지 않으리라고 생각했다.

누구에게나 외롭고 두렵고 속상한 마음이 있을 것이다. 누구에게나 마음 속에 가시가 있을 것이다. 비록 가시가 겉으로 나타나지 않더라도 모든 사람의 마음속에는 가시가 있다. 그리고 때로는 그 마음속 가시가 날카롭게 곤두서서 바깥으로 튀어나오기도 한다.

우리 반에도 외롭고, 불안하고, 두려운 마음에 뾰족한 가시를 만드는 아이들이 있다. 그리고 이야기 속 가시소년처럼 가시 돋친 말로 다른 친구들에게 상처를 주기도 한다. 사실 교실 속에서 일어나는 갈등 대부분이 이렇게 뾰족하게 튀어나온 가시 때문에 발생한다.

이 그림책을 읽으면서 아이들은 마음속에 가시가 생겼던 날들을 생각하면서 가시소년의 마음을 이해하게 될 것이다. 때리거나 나쁜 말을 하면 가시가 바깥으로 튀어나와 주변 사람들에게 상처를 주고, 멀어진다는 것도 알게 될 것이다.

그렇다면 이 가시를 완전히 없앨 수 있을까? 이 책의 마지막에서 가시소년은 환하게 웃으며 자신의 따뜻한 진심을 전한다. 하지만 가시 돋친 그림자를 통해서 가시가 완전히 사라져 버린 것이 아니라 가시소년이 가시를 감출 수 있게 되었다는 걸 알 수 있다.

『가시소년』을 통해 우리 반 아이들이 내 마음속 가시를 발견하고 위로할 수 있었으면 좋겠고, 함께 하는 공동체 속에서 말로 상처를 주기보다는 격려의 말로 친구에게 용기를 불러일으켜 주었으면 좋겠다.

3 수업으로 들어가기

4학년 수업 이야기

1차시		2차시
그림책과 만나기	▶	그림책과 놀기 <힘이 되는 한 마디>

수업흐름

단 계	수 업 내 용
1차시 (그림책과 만나기)	▶ 책 표지 보고 이야기 나누기 - 책 제목을 보니 어떤 일들이 일어날 거 같나요? - 사람들은 왜 도망가고 있나요? - 책 표지를 보고 알 수 있는 점은 무엇인가요? ▶ 그림책 읽고 내용 파악하기 - 가시소년은 왜 가시투성이가 되었을까? - 가시는 언제 생기는 걸까? - 가시소년이 원하는 것은 무엇일까? - 가시소년의 속마음은 어땠을까? ▶ 이야기 속 등장인물과 나를 비교하기 - 가시소년과 비슷한 경험을 한 적이 있었나요? - 내 마음속에 있는 가시는 무엇인가요?
2차시 (그림책과 놀기)	◎ 공동체 역량 힘이 되는 한 마디 활동하기 ▶ 내 마음속 가시 들여다보기 - 내 마음속에 가시가 생길 때는 언제였나요? - 나에게 가시 같았던 말은 어떤 말이었나요? - 그 때의 내 마음은 어떠했나요? ▶가시소년이 듣고 싶었을 '힘이 되는 한 마디' 만들기 - 가시가 생겼을 때 들으면 힘이 되는 한 마디를 생각해보고 표현해 봅시다. - 주제돌림말하기로 친구들과 이야기 나눈다.
갈무리 하기	◎ 배운 내용 정리하기 - 책을 읽으면서 내가 경험한 점, 알게 된 점, 느낀 점, 실천해 보고 싶은 점을 기록해 봅시다.

관련 교육 과정

공동체 역량	☞ 도덕 2. 공손하고 다정하게 [4도02-03] 예절의 중요성을 이해하고, 대상과 상황에 따른 예절이 다름을 탐구하여 이를 습관화한다.

평가는 이렇게

교육 과정 성취 기준	평가 내용	평가 기준		평가 방법
[4도02-03] 예절의 중요성을 이해하고, 대상과 상황에 따른 예절이 다름을 탐구하여 이를 습관화한다.	가시소년의 마음을 이해하고, 서로에게 힘이 되는 말을 탐구하여 표현하는가?	상	가시소년의 마음을 정확히 이해하고, 서로에게 힘이 되는 말을 탐구하여 자발적으로 표현한다.	관찰
		중	가시소년의 마음을 이해하고, 서로에게 힘이 되는 말을 탐구하여 표현한다.	
		하	가시소년의 마음을 이해하는데 어려움을 보이며, 서로에게 힘이 되는 말을 탐구하여 표현하는데 서툴다.	

4 이렇게 해 봤어요

표지 살펴보기

- 오늘 함께 읽을 책은 『가시소년』이에요.
- 표지를 한 번 봐요. 어떤 장면이 보이나요?
  - 고슴도치같이 생긴 아이가 있어요.
  - 입에서 가시 같은 게 나와서 사람들을 찌르려고 해요.
  - 사람들이 도망가고 있어요.
- 책 제목과 표지를 살펴보니 어떤 이야기일 거 같나요?
  - 입에서 가시가 나오는 소년의 이야기일 거 같아요.

그림책 함께 읽기

- 어떤 내용인지 그림책을 한 번 읽어봅시다.
- 가시소년은 왜 가시가 생겼을까?
  - 속상하고 기분이 나쁠 때 생기는 거 같아요.
  - 아빠 엄마가 싸우는 모습을 보니까 무서워서 생겼어요.
  - 선생님한테 혼나서요.
- 가시소년의 마음은 어땠을까?
  - 무서웠을 거 같아요.
  - 세상에 혼자라는 생각이 들어 외로웠을 거 같아요.
  - 화가 나고 힘이 빠져요.
  - 모든 사람들이 뭐라고 해서 슬펐어요.
- 가시소년의 입에서 나온 뾰족한 가시를 맞으면 어떨까?
  - 똑같이 화가 나서 찌르고 싶어요.
  - 슬퍼요.
  - 속상해요.

내 마음 속 가시 찾아보기

(가시가 생겼던 경험) 가시소년과 비슷한 경험을 한 적이 있다면 떠올려 봅시다. 나는 언제 가시가 생기나요?

- 친구들이 내 앞에서 귓속말할 때
- 엄마한테 혼날 때
- 동생이랑 싸웠는데 엄마가 동생편만 들었을 때
- 단원평가 시험에서 90점이 안 넘었을 때

(다른 사람의 가시 때문에 불편했던 경험) 다른 사람의 가시 때문에 불편했거나 나에게 가시 같았던 말이 있었다면 어떤 말이었는지 생각해봅시다. 그 말을 하면서 상처받았던 만큼 종이를 구겨봐도 좋아요.

- 너랑 안 놀아.

– 너 그것 밖에 못하니?

– **이는 00점이라던데 너는 왜 이러니?

– 응. 안물안궁.

– 너는 왜 항상 그러니.

힘이 되는 한 마디

▶ 우리 반에 있을지도 모르는 가시소년에게 힘이 되는 한 마디를 써서 붙여 봅시다.

– 나에게 가시가 생겼을 때 들으면 힘이 날 것 같은 한 마디를 적어서 꾸며 봅시다.

☺	☹
괜찮아	그것도 못해?
그럴수도있지	너때문에 망쳤잖아
힘내	재대로 해!?
넌할수있어	똑바로 해
다시도전해봐	실력이 그게밖에 안되니

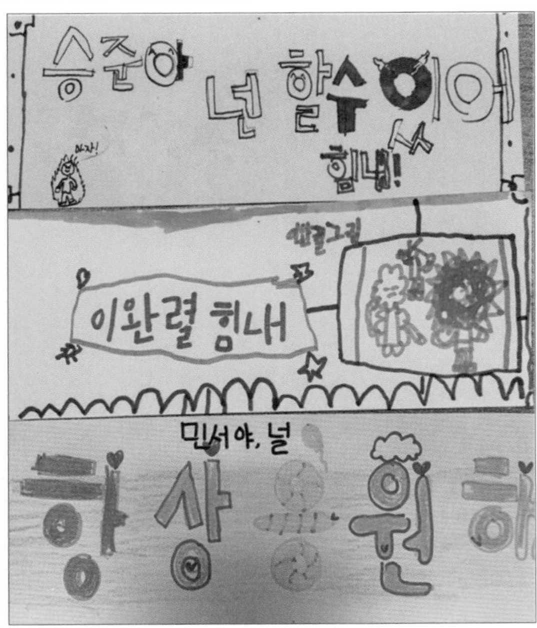

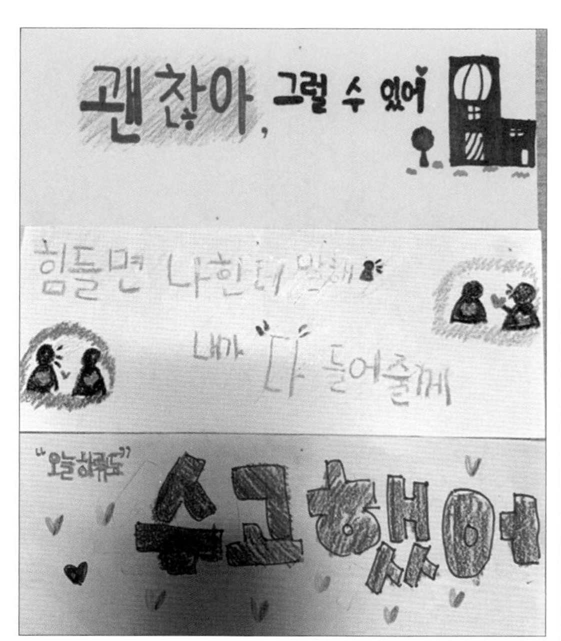
괜찮아, 그럴 수 있어
힘들면 나한테 말해
내가 다 들어줄께
"오늘 하루도"
수고했어

그래,
같이하자.
너는 나의 친구야
힘 내! 넌 할 수 있어

5 활동 소감

아이들 생각

내가 듣고 싶은 한 마디는?

내 마음 속에 가시가 생겼을 때 나는

– 넌 할 수 있어. 포기하지 마

– 괜찮아 할 수 있어.

– 힘내! 파이팅

– 너 진짜 잘한다.

– 그래, 같이 하자.

– 너는 나의 친구야.

– 널 항상 응원해. 파이팅!

– 괜찮아 그럴 수 있어.

– 힘들면 나한테 말해. 내가 다 들어줄게.

– 오늘 하루도 수고했어. 토닥토닥.

– 많이 속상했지?

– 나는 그래도 네 편이야.

– 괜찮아? 그럴 수도 있어.

– 내가 도와줄게. 함께 해 보자.

– 넌 정말 사랑받을만한 사람이야.

선생님 생각

『가시소년』이란 책을 읽으면서 우리 반 아이들에게 사람의 마음속에는 누구에게나 가시가 있다고 말해주었다. 하지만 가시가 날카롭게 곤두서서 바깥으로 튀어나오게 될 때 내 주변에 있는 사람들이 상처를 받거나 나와 멀어질 수 있기 때문에 내 마음속에 있는 가시를 잘 드러내는 것이 중요하다. 그리고 그 가시를 잘 드러내기 위해서는 용기를 불어넣는 '격려' 의 말을 필요로 한다. 우리 반에는 가시소년이 되어 본 아이도 있고, 가시소년의 가시 때문에 아파해본 아이들도 있다. 이 아이들이 서로를 가시로 찌르기보다는 공동체 속에서 나의 가시를 잘 드러내기를 바라본다.